Thir

Conversational Spanish

A Real-Life Approach to Building Oral Proficiency

Juan Kattán-Ibarra

National Textbook Company
a division of NTC/CONTEMPORARY PUBLISHING GROUP
Lincolnwood, Illinois USA

Library of Congress Cataloging-in-Publication Data

Kattán-Ibarra, Juan.
    Conversational Spanish : a real-life approach to building oral proficiency / Juan
Kattán-Ibarra. 3rd ed.
       p.   cm.
    ISBN 0-8442-7343-0 (pbk.)
      1. Spanish language—Conversation and phrase books—English.   2. Spanish
language—Grammar.

    PC4121 .K35   1997
    468.3'421—dc21   97-158271

The author and publisher wish to thank the following organizations for their
contributions to this edition: p. 20, Corral de Comedias, Granada, Spain; p. 27,
Restaurante don Pé, Fuengirola, Spain; pp. 57, 95, 164 (bottom), 165, *Diario El
Mercurio*, Santiago, Chile; p. 97, *Diario Sur*, Malaga, Spain; p. 107, Club Vacaciones;
p. 113, *El ABC*, Madrid, Spain; p. 125, Juliá Tours; p. 128, *El Independiente*, Madrid,
Spain; p. 164 (top), *La Vanguardia*, Barcelona, Spain; p. 166, *El País*, Madrid, Spain.

    9 10 11 12 13 14 15 16   VRS/VRS   0 9 8 7 6

ISBN 0-8442-7343-0

Cover design by Linda Snow Shum
Interior design by Ellen Pettengell

Cover photos by Beryl Goldberg
top: Flower Market, Barcelona; bottom: Chapultepec Park, Mexico; back cover: Plaza
Mayor, Spain.

All interior photos by the author, except the following pages: 1, 36 (bottom), 52, 69, 76,
106, 126 (all courtesy of Juan Luzzi); and page 29, courtesy of the Spanish Embassy in
the United States (Consejería de Educación).

This book is printed on acid-free paper.

Contents

Preface

Conversational Spanish: A Real-Life Approach to Building Oral Proficiency is a functional course designed to develop oral language skills at the beginning and intermediate levels. This book may be used as 1) the principal text in a Spanish conversation class, 2) a text to provide valuable reinforcement of oral skills in a more general Spanish course, or 3) a text for individuals studying on their own who wish to improve their conversational skills or brush up on their Spanish.

Each of the 18 units in this book focuses on specific language functions (activities) of everyday life, for example, asking and giving personal information, describing places and their location, asking and giving simple directions. The language and structures needed to perform these language functions successfully constitute the basis of each unit. The material in the text is presented in order of difficulty, progressing from the more simple and frequently used forms such as the present tense to more complex structures, including the compound and subjunctive tenses.

The units are each divided into sections A and B. Individual sections in a unit deal with different aspects of a common language function and cover a range of themes, such as school, work, travel, leisure activities, daily routine, shopping, eating out, public services, and many others. The aims of each section are clearly stated at the beginning, so that you will know beforehand the kind of communicative competence you are expected to achieve.

New material is presented through a variety of formats. These include dialogues, interviews, reading passages, letters, brief articles from newspapers, written instructions, questionnaires, photographs, maps, notices, advertisements, timetables, and official forms. Each of these is followed by a set of individual, paired, or group activities requiring the use of spoken Spanish. The instructions preceding each exercise explain the theme or situation and the type of activity involved. Role-playing exercises are an important feature of this conversation text.

Oral practice is often related to everyday surroundings and experience. You are asked to talk about your family, home, studies, likes, dislikes, interests, vacations, or plans for the future.

Words and idioms used in *Conversational Spanish* are listed in the alphabetical Spanish-English Vocabulary at the end of the book. Much of this vocabulary will be elicited in the practice section.

The *Unit Summary* that follows Section B in every unit contains a list of the main language functions that have been practiced, each with examples taken directly from that unit. This summary is a useful reminder of what you should be able to do with the language after finishing the unit. It is desirable to refer to the *Unit Summary* and to the *Structure and Vocabulary Review* that follow to study specific points of grammar and usage or to review the entire unit before moving on to the next one.

An Instructor's Manual that accompanies *Conversational Spanish* for use with this text in school settings contains general information about the book as well as detailed suggestions for presenting new material to classes and guidelines for conducting the varied activities recommended in the book.

An audiocassette provides listening comprehension as users follow authentic language models of some of the dialogues from the book. These dialogues have been identified by a cassette icon in the text. Users will also be able to test themselves, as the audiocassette contains short oral quizzes based on the dialogues.

Unidad 1
Me llamo Carlos

A In Section A of this Unit, you will learn to give information about yourself and to ask other people about themselves.

1. Study this conversation between Catherine and Carlos. Carlos is a Mexican student.

CATHERINE Hola, ¿cómo te llamas?

CARLOS Me llamo Carlos Miranda, ¿y tú?

CATHERINE Yo me llamo Catherine.

CARLOS Mucho gusto.

CATHERINE Encantada. Eres mexicano, ¿verdad?

CARLOS Sí, soy mexicano. Soy de Guadalajara.
Y tú, ¿de dónde eres?

CATHERINE Yo soy de Chicago. Soy norteamericana.
¿Qué haces aquí en Chicago?

CARLOS   Estudio inglés en un instituto de idiomas.
Tú hablas bastante bien el español.

CATHERINE   Gracias. Estudio español en el colegio.
Y tú, ¿hablas bien el inglés?

CARLOS   No muy bien. El inglés es un poco difícil, especialmente
la pronunciación. Pero entiendo bastante.

Preguntas

¿Verdadero o falso?
    a. Catherine habla bastante bien el español.
    b. Carlos trabaja en Chicago.
    c. Él habla muy bien el inglés.
    d. Carlos encuentra difícil la pronunciación.

Y ahora, tú:
- ¿Qué tal hablas el español?
- ¿Lo entiendes bien?
- ¿Es fácil o difícil para ti la pronunciación?
- ¿Qué otros idiomas hablas?
- ¿Qué tal los hablas?

2. Fill in this form with information about yourself.

Nombre _____
Apellido _____
Profesión _____
Dirección _____   Distrito Postal _____
Población _____   Estado _____
Teléfono _____
Nación _____
Rogamos ESCRIBAN EN LETRA DE IMPRENTA O A MÁQUINA*

*Please print or type

3. Answer these questions according to the information given in the form
above.
    a. ¿Cómo te llamas?
    b. ¿Cuál es tu apellido?
    c. ¿Cuál es tu profesión o actividad?
    d. ¿Cuál es tu dirección?

e. ¿De dónde eres?
f. ¿Cuál es tu número de teléfono?

4. John meets Pablo, who is from Mexico. Fill in the blank spaces in this dialogue with John's questions.

JOHN _____

PABLO Me llamo Pablo.

JOHN _____

PABLO Mi apellido es Carrasco.

JOHN _____

PABLO Calle Zapata, número 324.

JOHN _____

PABLO Mi teléfono es el tres, veintiuno, treinta y seis, cero, dos.

JOHN _____

PABLO No, no hablo nada de inglés.

B In Section B you will have more practice giving and asking for personal information. You will also learn to give information about other people.

1. Read this text about Luisa Díaz, a Venezuelan.

Luisa Díaz es venezolana y vive en Caracas en la Calle Simón Bolívar 137, apartamento 25. Es enfermera y trabaja en el Hospital de Niños en la capital venezolana. Luisa tiene 26 años, está casada y tiene dos hijos, Juan y Carmen, de 6 y 4 años, respectivamente.

2. Briefly describe a member of your family or a friend. Include the following information: his/her name, address, occupation, place of work, and age. Mention whether the person is married or single. If married, tell whether he/she has children, their names, and their ages.

USEFUL EXPRESSIONS

Está casado(a)/soltero(a).   *He/she is married/single.*

El/la mayor/menor se llama . . . y tiene . . . años.   *The eldest/youngest is named . . . and is . . . years old.*

3. You have been invited to attend a reception for people from foreign countries. A young man comes up to chat with you. Provide your response in Spanish.

> JOVEN   Buenas tardes.
>
> USTED   (*Greet him.*)
>
> JOVEN   Ud. es de Inglaterra, ¿no?
>
> USTED   (*Say you're not from England. You're American.*)
>
> JOVEN   Ah, perdone Ud. Soy argentino. Me llamo José.
>
> USTED   (*Introduce yourself.*)
>
> JOVEN   Mucho gusto.
>
> USTED   (*Pleased to meet you.*)
>
> JOVEN   ¿De qué parte de Norteamérica es Ud.?
>
> USTED   (*Tell him where you come from.*)
>
> JOVEN   Ah, ¡qué interesante! Soy de Buenos Aires.
>
> USTED   (*Ask him if he is a student.*)
>
> JOVEN   No, no soy estudiante. Soy actor.
>
> USTED   (*An actor! How interesting!*)
>
> JOVEN   Mi esposa también es actriz.
>
> USTED   (*Oh, you're married.*)
>
> JOVEN   Sí, estoy casado y tengo dos hijos.

4. Get together with another student and exchange information about yourselves: your names, your nationalities, where you are from and where you live. Also ask each other's marital status and give some information about your family, either about your wife/husband and children or your parents and brothers/sisters.

USEFUL EXPRESSIONS

¿Dónde vive(s)?	*Where do you live?*
Vivo en . . .	*I live in . . .*
¿Estás casado(a) o soltero(a)?	*Are you married or single?*
Estoy casado(a)/soltero(a).	*I'm married/single.*
Mi marido/mujer se llama . . .	*My husband's/wife's name is . . .*
Tengo tres hijos/hermanos.	*I have three children/brothers and sisters.*

5. Read this extract from a letter written by Roberto, a student from Chile.

Me llamo Roberto Lara y soy chileno, de Santiago. Tengo 22

años y estudio historia en la universidad. Estoy soltero y vivo

con mis padres y mis dos hermanos, Pablo de 20 años y

Antonia de 18. Mi padre es ingeniero y mi madre trabaja en una

biblioteca. Mis hermanos están en la universidad. Pablo estudia

química y Antonia estudia artes. Los fines de semana trabajo

como camarero en un restaurante. . . .

Now use the passage above as a model to write similar information about yourself and your family. Vary the text according to your own situation.

USEFUL EXPRESSIONS

Es ama de casa.	*She's a homemaker.*
(Todavía) está en la escuela/el colegio.	*He/she is (still) at school.*
el parvulario/el kindergarten	*nursery school*
la escuela primaria/secundaria	*elementary/high school*

Unit Summary

Asking and giving personal information:

1. Name:

¿Cómo se llama Ud./te llamas?   ¿Cuál es su/tu nombre?

Me llamo (Carlos).   Mi nombre es (Carlos).
 Soy (Carlos Miranda).

Note: The expressions *¿Cuál es su/tu nombre?* and *Mi nombre es . . .* are common in Latin America but not in Spain. Note that *usted,* you, is abbreviated as *Ud.* or *Vd.* (more common in Spain).

2. Nationality:

¿Es Ud./eres (mexicano/a)?   ¿Es (inglés) John?

Sí, soy (mexicano/a).   Sí, es (inglés).

3. Origin:

¿De dónde es Ud./eres?   ¿De dónde es Teresa?

Soy de (Guadalajara).   Es de (Barcelona).

4. Address:

¿Dónde vive Ud./vives?   ¿Cuál es su/tu dirección?

Vivo en (Guadalajara).   Mi dirección es (Avenida
 Bolívar, 625).

5. Occupation:

¿Qué hace Ud./haces?   ¿Cuál es su/tu profesión?

Soy (estudiante).   Soy (profesor).

6. Age:

¿Cuántos años tiene Ud./tienes?   ¿Cuántos años tiene Roberto?

Tengo (26) años.   Tiene (22) años.

7. Marital Status:

¿Está Ud./estás casado(a)   ¿Está casada María?
 o soltero(a)?

Estoy casado(a).   No, está soltera.

Structure and Vocabulary Review

1.

(Yo) (Tú) (Ud.)	soy eres es	Catherine Larson. norteamericana. de Chicago. estudiante.

2.

Tengo Tienes Tiene	26 años. dos hijos.

3.

Estoy Estás Está	casado. soltero.

4.

(Yo)	(no)	hablo entiendo escribo	bien	el español.

5.

¿Habla Ud./hablas ¿Entiende Ud./entiendes	español?

6.

¿Cuál es	su tu	nombre? apellido? dirección?

7.

Ud. es Eres	de	Inglaterra, los Estados Unidos, Chicago, México,	¿verdad?

Unidad 2
Está cerca de aquí

A In section A of this Unit, you will learn to describe places and their locations.

1. Look at the map of South America and read the description of Ecuador and its capital.

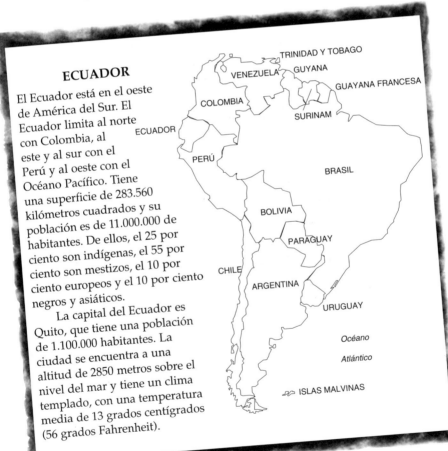

ECUADOR

El Ecuador está en el oeste de América del Sur. El Ecuador limita al norte con Colombia, al este y al sur con el Perú y al oeste con el Océano Pacífico. Tiene una superficie de 283.560 kilómetros cuadrados y su población es de 11.000.000 de habitantes. De ellos, el 25 por ciento son indígenas, el 55 por ciento son mestizos, el 10 por ciento europeos y el 10 por ciento negros y asiáticos.

La capital del Ecuador es Quito, que tiene una población de 1.100.000 habitantes. La ciudad se encuentra a una altitud de 2850 metros sobre el nivel del mar y tiene un clima templado, con una temperatura media de 13 grados centígrados (56 grados Fahrenheit).

Preguntas

a. ¿Dónde está el Ecuador?

b. ¿Qué país está al norte?

c. ¿Qué país está al sur?

d. ¿Cuál es su superficie?

e. ¿Cuál es su población?

f. ¿Cuál es la composición étnica de su población?

g. ¿Cuál es la capital del país?

h. ¿Qué población tiene?

i. ¿A qué altitud está?

j. ¿Cómo es su clima?

k. ¿Cuál es su temperatura media?

2. Give an oral description of Bolivia and its capital. Use this information and follow the model:

País:	Bolivia
Límites:	Norte y este: Brasil
	Sur: Argentina y Paraguay
	Oeste: Chile y el Perú
Superficie:	1.098.850 km. cuadrados
Población:	7.500.000 habitantes
Composición:	70% indígenas; 25% mestizos; 5% europeos
Capital:	La Paz
Población:	1.115.000 habitantes
Altitud:	3.600 m. sobre el nivel del mar
Clima:	Templado
Temperatura media:	10° C. (50° F.)

3. You are visiting South America and have been invited to give a brief talk about your country and about the state and/or city where you come from. You may use phrases like these:

- Soy de . . . (país) que está en. . . . (continente)
- Tiene una población de. . . .
- Su capital es . . . y está en. . . .
- Mi ciudad (estado, provincia, etc.) es . . . y está en. . . .
- El clima es caluroso/frío/templado. . . .
- En primavera/otoño/invierno/verano. . . .
- Hace calor/frío; llueve/nieva. . . .
- Los principales sitios de interés en mi ciudad son. . . .

4. Get together with a classmate and create your own conversation based on this situation:

> You will be spending some time in Spain and have rented one of the apartments in the advertisements below. A Spanish-speaking friend telephones your apartment and asks about your new place. He/she wants to know where it is, if it is furnished or unfurnished, if it is big or small, how many rooms it has, if it has central heating, and how much the rent is. Choose one of the ads and answer your friend's questions.

PELAYO. Apto. amueblado, 25 m², 1 aseo, cocina americana. 38.000. Ref. 385, Tel. 451 41 72.

DIAGONAL-F. MACIA. Amueblado, 90 m², terraza 60 m², 2 hab., baño, aseo, cocina, office, calefac. central, teléf. 175.000. Ref. 3329. Tel. 451 41 72.

PL. CERDA. Sobreático sin muebles, 80 m², 3 hab., baño, calef., telf., 2 terrazas. 80.000. Ref. 3491. Tel 451 41 72.

ENTENZA. Sin muebles. 82 m², 4 hab., baño, aseo. 90.000. Ref. 3517. Tel. 451 41 72.

USEFUL EXPRESSIONS

Es amueblado/sin muebles.	*It is furnished/unfurnished.*
¿Cuántos/as . . .?	*How many . . .?*
Tiene X habitaciones.	*It has X rooms.*
grande/pequeño	*big/small*
Tiene X metros cuadrados.	*It has X square meters.*
calefacción (central)	*(central) heating*
¿cuánto . . .?	*how much . . .?*
el alquiler cuesta/vale . . .	*the rent is (costs). . .*

Note that in Spain an apartment is referred to as *un piso,* or *un apartamento* if it is small. Many Latin Americans, including Mexicans, use *el departamento*; others use *el apartamento.*

5. María is from Alicante, Spain. Read this description of her house.

 "Mi casa está en la calle San Isidro, 261, en Alicante. Es una casa de dos pisos y es bastante grande, de cuatro dormitorios. En la planta baja están la sala, el comedor, la cocina y un dormitorio pequeño. En el primer piso hay tres dormitorios y un cuarto de baño.

Detrás de la casa hay un patio con árboles frutales. Delante hay un jardín con flores y césped.

San Isidro es una calle tranquila y con poco tráfico. Cerca de mi casa hay una plaza y alrededor de la plaza hay algunas tiendas de comestibles y ropa."

6. Get together with another student and exchange information about the house or apartment where you live. The previous passage and the following questions will serve as a guideline, but you can add other questions and information if you wish.

a. ¿Dónde está?
b. ¿Es grande o pequeño?
c. ¿Cuántas habitaciones tiene?
d. ¿Dónde está cada habitación?
e. ¿Tiene jardín? ¿patio? ¿garaje?
f. ¿Cómo es la calle?
g. ¿Cómo es el barrio?
h. ¿Hay tiendas cerca? ¿Qué tiendas hay?
i. ¿Hay buen transporte? ¿Qué transporte hay?

USEFUL EXPRESSIONS

está a (15 minutos) de . . .	*it is (15 minutes) from . . .*
a la derecha/izquierda	*on the right/left*
al fondo	*at the end*
es ruidoso(a)	*it is noisy*
un barrio residencial/comercial	*a residential/commercial neighborhood*
un servicio de autobuses/trenes	*a bus/train service*
Hay (una línea de) metro.	*There is a subway (line).*

B In this section you will practice describing people, their physical characteristics, and their character.

1. Paloma García is from Peru, but she now lives in Barcelona, Spain. To renew her passport Paloma had to go to the Peruvian Consulate and fill out a form like the one on page 13. Read it and then answer these questions.

Preguntas

   a. ¿En qué trabaja Paloma?
   b. ¿Está casada o soltera?
   c. ¿Cuánto mide?
   d. ¿De qué color son sus ojos?
   e. ¿De qué color son sus cabellos?
   d. ¿Cuál es su dirección en España?

2. Look at these words. They are used to describe people's eyes and hair.

Ojos	Cabellos o Pelo
marrones	castaño
negros	negro
azules	rubio
verdes	pelirrojo
grises	cano

CONSULADO GENERAL DEL PERÚ
BARCELONA-36—ESPAÑA

Nombre y Apellidos: Paloma
García Castro

Lugar y Fecha de Nacimiento ___
Lima, 27 mayo 197–

Pasaporte Nº. 5468021

Expedido en: Lima

El: 15 junio 199–

Ocupación: Secretaria de Dirección

Estado Civil: Soltera

Estatura: 1,68 m

Color de Ojos: negros

Color de Cabellos: castaños

Dirección (Perú): Avda. San Martín, 312

Dirección (España): Calle Relator, 31, 2º izq.

Barcelona, 18 de julio de 199 –

Paloma García

Firma del interesado

Now imagine that you are applying for a visa to travel to Peru. Draw a form like the one above and fill it in with information about yourself.

3. Think of someone you know well, for example a friend, a member of your family or someone you work with. Then get together with another student and tell him/her who it is you have thought of. Your class-

mates will then ask you a series of questions until you have fully described the person you are thinking of, in terms of his/her physical characteristics and character.

USEFUL EXPRESSIONS

Es delgado(a)/gordo(a).	*He/she is slender/fat.*
Es bajo(a)/alto(a).	*He/she is short/tall.*
No es ni bajo(a) ni alto(a).	*He/she is neither short nor tall.*
Tiene el pelo largo/corto/castaño/rubio.	*He/she has long/short/chestnut/blond hair.*
Lleva bigote/barba.	*He has a mustache/a beard.*
Es guapo(a)/feo(a).	*He/she is good-looking/ugly.*
Es simpático(a)/antipático(a).	*He/she is nice/unpleasant.*
Es alegre/divertido(a)/aburrido(a).	*He/she is cheerful/fun/boring.*
Parece inteligente/tonto(a).	*He/she seems intelligent/dumb.*

Unit Summary

1. Describing places:

   ¿Cómo es el clima de Quito?
   Es templado. *o* Tiene un clima templado.

2. Describing location:

   ¿Dónde está el Ecuador?
   Está en el oeste de América del Sur.

3. Describing people's appearance:

   ¿De qué color son sus ojos?　　¿Es bajo(a) o alto(a)?
   Son negros.　　Es alto(a).

4. Describing people's character:

   ¿Es simpático(a) o antipático(a)?　　¿Parece inteligente o tonto(a)?
   Es simpático(a).　　Parece inteligente.

Structure and Vocabulary Review

1.

Mi casa	está	en San Isidro, 261. en Alicante. cerca de una plaza.

2.

El apartamento	es	grande. tranquilo. caro.

3.

Tiene	tres dormitorios. calefacción. aparcamiento.

4.

Hay	una plaza. tiendas. buen transporte.

5.

Julio	es	alto. delgado. simpático.

6.

Tiene	el pelo castaño. el pelo corto. los ojos marrones.

7.

Lleva	chaqueta. camisa. bigote.

8.

Parece	simpático. inteligente. agradable.

Unidad 3
¿A qué hora abren los bancos?

A In this section you will practice asking for and telling the time. You will also talk about specific times.

1. Study this conversation between a tourist and a hotel desk clerk in a South American town.

TURISTA	¿Qué hora es, por favor?
RECEPCIONISTA	Son las nueve menos cuarto.
TURISTA	¿A qué hora abren los bancos?
RECEPCIONISTA	A las nueve de la mañana.
TURISTA	Los sábados están abiertos también, ¿no?
RECEPCIONISTA	No, señor, los sábados están cerrados. Sólo abren de lunes a viernes.
TURISTA	Gracias.

Banco de Guayaquil

Now look at these signs and complete the two conversations below:

CORREOS
Horario: 9.30–5.30
~ Lunes a Sábado ~

Supermercado **MODELO**
ABIERTO DE
LUNES a SÁBADO
8.00–13.00 y 15.00–20.00
Domingos 9.00–13.00

A ¿Qué hora es?
B _____

A ¿A qué hora abre Correos?
B _____

A ¿Está abierto los sábados?
B _____

A ¿Qué hora es?
B _____

A ¿A qué hora cierra el supermercado?
B _____

A ¿Está abierto los domingos?
B _____

2. Read this text from a tourist brochure. Then answer the questions that follow.

En Bogotá, Colombia, los bancos están abiertos de lunes a viernes, entre las 9.00 de la mañana y las 5.00 de la tarde. Los sábados están cerrados. La Oficina Central de Correos, que está en el edificio Avianca en la Carrera Séptima, se abre a las 7.00 de la mañana y se cierra a las 10.00 de la noche. Los domingos y días festivos se abre a las 8.00 y se cierra a las 7.00 de la tarde. El horario de las tiendas en Bogotá es de 9.30 a 19.30.

Preguntas

a. ¿Qué días abren los bancos en Bogotá?
b. ¿A qué hora abren?
c. ¿A qué hora cierran?
d. ¿Cuál es el horario de la Oficina Central de Correos?
e. ¿Hasta qué hora están abiertas las tiendas?

3. A Spanish friend is staying with you. It is his first visit to your country, and he is not familiar with the opening and closing times of stores and offices. Answer his questions.

   a. ¿A qué hora abren y cierran las tiendas?
   b. ¿Están abiertas los sábados? ¿Los domingos? ¿Hasta qué hora?
   c. ¿Cuál es el horario de Correos?
   d. ¿Abren los sábados y domingos?
   e. ¿Cuál es el horario de atención al público de los bancos?
   f. ¿Están abiertos los bancos los sábados por la tarde?

Your friend would like to cash a traveler's check. Look at this photograph and answer his questions.

   a. ¿Qué días se puede cambiar cheques en esta oficina?
   b. ¿Se puede cambiar cheques los domingos?
   c. ¿Cuál es el horario de atención al público?

4. You are spending some time in Granada. A Spanish friend telephones you to make arrangements to see one of the plays advertised by the *Teatro Estable de Granada*. Look at the advertisement on the next page and answer your friend's questions.

TEATRO ESTABLE DE GRANADA
Dir: Fernando Cobos

TEATRO
TODOS LOS DIAS

Días/Horas	8 TARDE	10 NOCHE	12 NOCHE
LUNES		VERGONZOSO	
MARTES		CALDERON	
JUEVES		VERGONZOSO	
VIERNES		COLON	
SABADOS	CIRCULO	CALDERON	MOLLY BLOOM
DOMINGOS	TEMPESTAD	FALSTAFF	

MIERCOLES DESCANSO (salvo Festivos)

En FESTIVOS hay función de 8 tarde: FALSTAFF

En VISPERAS hay función de 12 Noche: MOLLY BLOOM

Repertorio

"*Cristóbal Colón*"	F. Cobos
"*La Tempestad*"	Shakespeare
"*Casa con dos puertas mala es de guardar*"	Calderón
"*El Círculo de Tiza*"	B. Brecht
"*El Vergonzoso en Palacio*"	Tirso
"*Molly Bloom*"	J. Joyce
"*Falstaff*"	Shakespeare

Precios

1000 Pts

Socios 500 Pts   Estudiantes 800 Pts

Tarjeta de Socio   600 Pts/anuales

Reducciones especiales a grupos

CORRAL DE COMEDIAS
Gran Capitán, 16   ☎ 202725

☙ Caja Postal

Abre nuevos caminos

a. ¿Qué obra ponen el jueves?

b. Y *Cristóbal Colón*, ¿qué día la ponen?

c. ¿Quién es el director de la obra?

d. ¿A qué hora es la función?

e. ¿Cuánto cuesta la entrada?

f. Y para estudiantes, ¿cuánto vale?

g. Podemos reservar entradas por teléfono. ¿Cuál es el número?

B In Section B you will have more practice asking and giving information about specific times, especially as they concern travel.

1. You are in Fuengirola, in southern Spain, and want to travel to Granada for the day. You go to the bus station to find out about bus times. These are the questions you will need to ask.

   a. Ask what time the first bus to Granada leaves.
   b. Ask how long the trip takes.
   c. Ask how much the fare is.
   d. Ask what time the last bus leaves Granada.

Another student will play the role of the employee at the bus station and will provide the answers by looking at the information below.

GRANADA

FUENGIROLA GRANADA	GRANADA FUENGIROLA
08.45	07.00
12.30	09.00
15.30	15.00
18.00	17.00

PRECIO = 1.110 PTAS.
TRAYECTO = 3,30 HORAS

USEFUL EXPRESSIONS

salir	*to leave*
tardar	*to take (time)*
viaje (*m*)	*trip*
billete (*m*)	*ticket*
último	*last*

---

2. You are at Madrid's Barajas Airport, waiting for a friend who is coming from the United States. You go to the information counter and talk to an airline employee. Provide your part of the dialogue in Spanish.

USTED   (*Say that you are waiting for a friend who is coming from the United States. Ask what time the plane arrives.*)

EMPLEADA   ¿En qué vuelo viene su amigo?

USTED   (*Say that he's coming on flight 725 of Iberia Airlines.*)

EMPLEADA   El vuelo 725 viene con una hora de retraso.

USTED   (*Ask what the new arrival time is.*)

EMPLEADA   Llega a las once y media aproximadamente. Espere Ud. el anuncio de confirmación.

3. Read this extract from a letter written by Rosa, an Argentinian living in London, to her brother in Buenos Aires. Rosa is traveling to visit her family and is announcing her arrival. Then, team up with another student and use the information in the letter to complete the conversation on page 23 between Rosa's brother and his friend Carmen.

Londres, 25 de agosto de 19..

Querido Raúl:

¡Por fin tengo el billete para viajar a Buenos Aires! Salgo el viernes 18 de septiembre a las 7.00 de la tarde en un vuelo de Iberia hasta Madrid, donde tengo que hacer transbordo. Desde Madrid viajo en el vuelo IB6811 que sale a las 12.15 de la noche. El vuelo hace escala en Río de Janeiro y llega a Buenos Aires a las 10.30 de la mañana del sábado, hora local. Tienes que venir al aeropuerto a esperarme, pues llevo mucho equipaje . . .

Now complete this conversation between Carmen and Raúl.

CARMEN	¡Hola, Raúl! ¿Cómo estás?
RAÚL	_____
CARMEN	Bien, gracias. ¿Sabes qué día llega Rosa?
RAÚL	_____
CARMEN	¿Y a qué hora llega?
RAÚL	_____
CARMEN	¡Estupendo! ¿Cuál es el número del vuelo?
RAÚL	_____
CARMEN	¿El vuelo viene de Londres?
RAÚL	_____
CARMEN	¿Y hace escala en algún lugar?
RAÚL	_____

Unit Summary

1. Asking and saying the time:

   ¿Qué hora es?
   Es la una.

   ¿Qué hora es?
   Son las dos y cuarto.

2. Talking about specific times:

   ¿A qué hora abren los bancos?
   Los bancos abren a las 9.00.

   ¿A qué hora empieza la función?
   Empieza a las 8.00.

3. Talking about specific days:

   ¿Qué días están abiertos
   los bancos?

   Están abiertos de lunes
   a viernes.

   ¿En qué fecha sale Rosa?

   Sale el lunes 20 de agosto.

4. Telling what you or others have to do:

   Tengo que hacer transbordo.

   Tienes que venir al aeropuerto a
   esperarme.

Structure and Vocabulary Review

1. ¿Qué hora es?

Es	la una. la una y cuarto. la una y media.	Son	las tres y cuarto. las tres y media. las tres menos cuarto.

2.

¿A qué hora	abre cierra	el banco?
	llega sale	el avión?
	empieza termina	la función?

3.

El supermercado	está abierto	de 8.00 a 13.00. de lunes a sábado. todos los días.
Las tiendas	están abiertas	

4.

Salgo Viajo Llego	el miércoles 18 de septiembre.

5.

Tengo Tiene(s) Tenemos	que	hacer transbordo. ir al aeropuerto.

Unidad 4
Está a la izquierda

A In this section you will learn to ask for and give simple directions.

1. A tourist is looking for a restaurant in a Spanish town. He stops a passerby and asks for directions.

TURISTA	Perdone, ¿hay algún restaurante por aquí?
TRANSEÚNTE	Pues, el restaurante *El Faro* es muy bueno y está muy cerca de aquí. ¿Conoce usted la Calle Esmeralda?
TURISTA	No, no la conozco. No soy de aquí.
TRANSEÚNTE	Es la segunda calle a la derecha. El restaurante está casi al final de la calle.
TURISTA	¿La segunda calle a la derecha?
TRANSEÚNTE	Sí, sí, está a unos cien metros de aquí.
TURISTA	Pues, muchas gracias.
TRANSEÚNTE	De nada.

Get together with a classmate and read the dialogue several times. Then try to say the conversation without looking at the text, until you feel comfortable with it. Then vary the conversation using some of the expressions below or others of your own.

USEFUL EXPRESSIONS

la Avenida de las Palmeras	*Palmeras Avenue*
la primera/la cuarta calle	*the first/fourth street*
a la izquierda	*on the left*
a cinco minutos de aquí	*five minutes from here*

2. Get together with another student and use the map below to practice asking and giving directions, using different reference points. Here are some useful expressions:

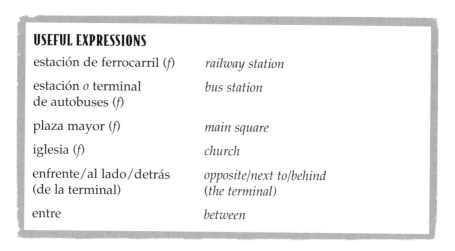

USEFUL EXPRESSIONS

estación de ferrocarril (f)	*railway station*
estación o terminal de autobuses (f)	*bus station*
plaza mayor (f)	*main square*
iglesia (f)	*church*
enfrente/al lado/detrás (de la terminal)	*opposite/next to/behind (the terminal)*
entre	*between*

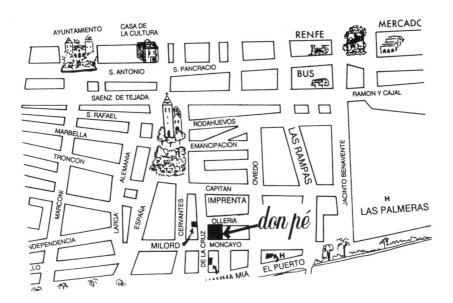

3. Study this conversation.

TURISTA   ¿Dónde está Correos, por favor?

GUARDIA   Está al final de esta calle, a la izquierda, enfrente de la Oficina de Turismo.

TURISTA   Gracias.

Now look at this map of a Spanish town and make up similar conversations with another student. Use some of these words and phrases, as well as others from the previous exercises.

USEFUL EXPRESSIONS

¿Dónde está el banco/ la farmacia?	*Where is the bank/ the pharmacy?*
Está a la izquierda/derecha.	*It's on the left/right.*
Está a una/dos calle(s) de aquí.	*It's one/two street(s) from here.*
Está en la primera/segunda calle.	*It's on the first/second street.*
Está bastante/muy cerca de aquí.	*It's quite/very near here.*

4. Read these directions given by José, who lives in Quito, Ecuador, to his friend Cristina. Then use the text as a model to write directions on how to get to your own place.

> Mi apartamento está en la Calle Sucre, 41. Es el apartamento
>
> 50, que está en el quinto piso a la izquierda del ascensor. El
>
> edificio está a dos cuadras de la parada del autobús Nº 12,
>
> enfrente del Supermercado Quiteño.

5. Now tell another student or the rest of the class exactly where your place is. Use some of the expressions you have learned in the previous exercises.

B Here you will practice asking for and giving directions on how to get to places by car or public transportation. You will also learn to ask and explain how far away places are.

1. A motorist driving to Benagalbón asks a police officer for directions.

CONDUCTOR   Por favor, ¿cuál es la carretera para Benagalbón?

GUARDIA   Tiene que tomar la carretera que va a Borge, aquí a la derecha.

CONDUCTOR   ¿Está muy lejos?

GUARDIA   Pues no, está a cinco kilómetros de aquí.

Now get together with a classmate and create similar conversations.

2. A motorist is going to Puebla de Montalbán, a small town in central Spain. He stops to ask a police officer for directions.

CONDUCTOR   Perdone, ¿por dónde se va a Puebla de Montalbán?

GUARDIA   Para ir a Puebla de Montalbán tiene que tomar la carretera 502. Ud. sigue por esta misma calle hasta el final y luego dobla a la derecha.

CONDUCTOR   ¿A qué distancia está más o menos?

GUARDIA   Está a cincuenta kilómetros aproximadamente.

You are in a Spanish town, driving to Navahermosa, which is 70 kilometers away. You stop a passerby and ask for directions. With another student, make up a conversation like the one above, using the information in the photograph.

3. Someone flying from Buenos Aires, the capital of Argentina, to New York, asks an airline employee how long it takes to fly between the two cities.

VIAJERO   Perdone, ¿cuántas horas de vuelo hay entre Buenos Aires y Nueva York?

EMPLEADA   Diez horas y media.

VIAJERO   Gracias.

Now practice with another student asking and telling how long it takes to fly between different cities in your country or between your country and another. Use also the alternative expressions on the next page.

USEFUL EXPRESSIONS

¿A cuántas horas de vuelo está (Madrid de Londres)?	*How long does it take to fly (from Madrid to London)?*
Está a (dos horas y media).	*It's (two and a half hours) away.*
¿Cuánto tarda el avión de (Los Ángeles a Chicago)?	*How long does the plane take from (Los Angeles to Chicago)?*
Tarda . . . horas.	*It takes . . . hours.*

4. Look at this map of the Buenos Aires subway, commonly known as *el subte*. Then study this conversation between a foreign visitor and a passerby at Bolívar station, on the south end of the *E* line.

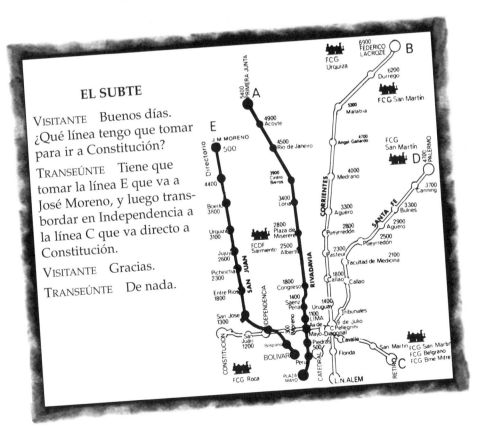

EL SUBTE

VISITANTE Buenos días. ¿Qué línea tengo que tomar para ir a Constitución?

TRANSEÚNTE Tiene que tomar la línea E que va a José Moreno, y luego transbordar en Independencia a la línea C que va directo a Constitución.

VISITANTE Gracias.

TRANSEÚNTE De nada.

Preguntas

a. ¿Adónde quiere ir el visitante?
b. ¿Adónde va la línea E?
c. ¿Dónde tiene que transbordar?
d. ¿Qué línea tiene que tomar en Independencia?
e. ¿Adónde va la línea C?

Now get together with another student to complete these short conversations.

(*You are at Retiro, at the east end of the C line.*)

PREGUNTA   ¿Qué línea tengo que tomar para ir a José Moreno?
RESPUESTA _____

(*You are at Plaza de Mayo, at the south end of the A line.*)

PREGUNTA   ¿Qué línea tengo que tomar para ir a Primera Junta?
RESPUESTA _____

(*You are at José Moreno, at the north end of the E line.*)

PREGUNTA   ¿Qué línea tengo que tomar para ir a Retiro?
RESPUESTA _____

Now use the model conversations above and the subway map to make up similar conversations.

Unit Summary

1. Asking and giving simple directions:

   ¿Hay algún restaurante por aquí?
   El Restaurante El Faro está muy cerca de aquí.

   ¿Dónde está?
   Está al final de la calle.

2. Asking and giving directions to destinations.

   (a) by car

      ¿Por dónde se va a Puebla de Montalbán?
      Para ir a Puebla de Montalbán tiene que tomar la (calle) carretera
      502.

   (b) by public transportation

      ¿Qué (autobús) línea tengo que tomar para ir a Constitución?
      Tiene que tomar la línea E que va a José Moreno y luego
      transbordar en Independencia a la línea C.

3. Asking and answering questions about distances:

   ¿Está lejos?
   Está bastante cerca.

   ¿A qué distancia está?
   Está a cien metros.
   Está a diez horas y media.

Structure and Vocabulary Review

1.

¿Hay	algún restaurante alguna farmacia	por aquí?

2. ¿Dónde está?

Está	a la izquierda/derecha. en el puerto. al final de esta calle. enfrente del banco. al lado de la farmacia. en el quinto piso.

3. ¿A qué distancia está?

Está a	dos calles de aquí. dos cuadras. setenta kilómetros. dos horas.

4. ¿Qué línea (autobús, carretera) tengo que tomar?

Tiene que	tomar	la línea C. al autobús Nº 12. la carretera 502.

5. ¿Por dónde se va?

Usted	sigue por esta calle. dobla a la derecha. dobla a la izquierda.

Unidad 5
¿Qué hay que hacer?

A In Section A of this Unit, you will practice asking for and giving explanations about procedures, with particular reference to public services.

1. Karen Jones is visiting Chile. Her Chilean friend Ana is giving her instructions on how to call her parents in Dallas.

KAREN ¿Qué hay que hacer para llamar a Dallas?

ANA Primero hay que marcar el 1230. Después tienes que marcar el código del país, que para Estados Unidos es el 1. Luego marcas el código de la ciudad a la que llamas. Para Dallas es el 214. Y finalmente, marcas el número al que quieres llamar.

KAREN Bueno, veamos . . ., primero tengo que marcar el 1230, después marco el 1, luego el 214, y finalmente marco el número de mis padres.

ANA Eso es.

Note that the word *código* (*m*), code, is used in Chile and some other Latin American countries. In Spain, the word *prefijo* (*m*) is used instead.

Now get together with a classmate and make up similar conversations using this information or other area codes you may know.

ESTADOS UNIDOS		OTROS PAÍSES	
		España	34
Atlanta	404	Barcelona	3
Boston	617	Madrid	1
Chicago	312	México	52
Filadelfia	215	México, D.F.	5
Kansas City	816	Tijuana	66
Los Ángeles	213	Argentina	54
Miami	305	Buenos Aires	1
Nueva York	212	Córdoba	51
Puerto Rico	809		

2. Read these instructions on using public telephones in Spain.

INSTRUCCIONES

Comuníquese, telefonée.
1 Deposite monedas de 50 ó
   100 pesetas.
2 Descuelgue el microteléfono.
3 Espere tono de marcar.
4 Marque el número deseado.

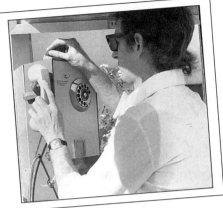

Now imagine you are telling a Latin American friend how to use public telephones in Spain. Do so by using the more colloquial expressions given below.

USEFUL EXPRESSIONS

poner monedas de . . . pesetas ˙	*to put in . . . peseta coins*
levantar el auricular	*to pick up the receiver*
marcar el número al que quieres llamar	*to dial the number you want to call*

Note that instructions can be given with the command or imperative form as above (e.g., *deposite*), or with other more colloquial forms, for example *tiene que/hay que marcar* (you have to/ one has to dial), or the present tense, *marca(s) el número* (you dial the number).

3. A Spanish-speaking person in your country needs help using a public telephone. Explain how to do it, using Exercise 2 above as a guideline.

4. Read these instructions on how to open a checking account in a South American bank.

> - Traer dos cartas de presentación de personas que tengan cuenta corriente.
> - Depositar la cantidad mínima establecida, que es diferente en cada banco.
> - Proporcionar datos personales completos con carnet de identidad.
> - Traer una fotografía tamaño carnet.
> - El banco comprueba los informes bancarios si los tiene.

Preguntas

    a. ¿Cuántas cartas de presentación tiene que traer?
    b. ¿Qué personas pueden dar las cartas de presentación?
    c. ¿Hay que depositar una cantidad fija?
    d. ¿Qué tipo de información hace falta proporcionar?
    e. ¿Qué documento tiene que presentar?
    f. ¿Qué tipo de fotografía hay que traer?
    g. ¿Qué tiene que hacer el banco?

5. With a classmate, create a conversation based on this situation: A Spanish friend of yours has just arrived in your country for a six-month stay and would like to open a checking account at a local bank. Find out what she needs to do. Then give her the information she requires.

USEFUL EXPRESSIONS

Tienes que/hay que (pedir una solicitud).	*You have to/one has to (ask for an application form).*
Pides una solicitud.	*You ask for an application form.*
rellenar *o* llenar	*to fill in*
dar referencias	*to give references*
firmar	*to sign*
presentar	*to present*

6. Your friend would like to get a driver's license. Find out what he needs to do and answer his questions.

    a. ¿Cuántos años hay que tener como mínimo para obtener un carnet de conducir?*

    b. ¿Qué hay que hacer para solicitar el carnet?

    c. ¿Adónde tengo que ir?

    d. ¿Qué documentos hay que presentar?

    e. ¿Qué pruebas o exámenes hay que hacer?

    f. ¿Hace falta pagar? ¿Cuánto?

*Licencia de manejar is used in Latin America.

B In Section B you will practice requesting services.

1. Go over the following conversation between a tourist and a Spanish postal clerk.

TURISTA	Buenas tardes. ¿Cuánto cuesta enviar una carta a los Estados Unidos?
EMPLEADO	Setenta pesetas.
TURISTA	¿Y para una postal?
EMPLEADO	Para una postal son cincuenta pesetas.
TURISTA	Déme dos sellos de setenta y cuatro de cincuenta pesetas.
EMPLEADO	Tenga.

TURISTA ¿Cuánto es?

EMPLEADO Son trescientas cuarenta pesetas.

TURISTA También quiero enviar un paquete.

EMPLEADO Para paquetes tiene que ir a la ventanilla dos, al fondo, a la derecha.

TURISTA Gracias.

Now complete your part in this conversation, following the model above.

USTED (*Greet the person at the counter and ask how much it costs to send a postcard to England.*)

EMPLEADO A Inglaterra cuesta cuarenta pesetas.

USTED (*Ask how much it costs to send a letter.*)

EMPLEADO ¿A Inglaterra también?

USTED (*Yes, to England.*)

EMPLEADO Son cincuenta pesetas.

USTED (*Ask him to give you five 40-peseta stamps and three 50-peseta stamps.*)

EMPLEADO Tenga.

USTED (*Ask how much it is.*)

EMPLEADO Son trescientas cincuenta pesetas.

USTED (*Ask where you have to go to send a registered letter.*)

EMPLEADO Tiene que ir a la ventanilla diez, que está enfrente.

USTED (*Thank him and say goodbye.*)

USEFUL EXPRESSIONS

| déme . . ./quiero . . . | *give me . . ./I want . . .* |
| una carta certificada | *a registered letter* |

---

2. Can you make sense of the conversation on page 40 between a foreign tourist and a bank clerk? Match each sentence in Column A with an appropriate sentence from Column B. Fill in the blank spaces with the currency you wish to change and the current rate of exchange.

DIVISAS

Divisa	Pesetas
1 dólar USA	125,5
1 dólar canadiense	92,4
1 franco francés	24,58
1 libra esterlina	190,6
1 franco suizo	103,19
1 marco alemán	83,61
1 florín holandés	74,89
1 corona sueca	18,59
1 libra irlandesa	196,97

Column A	Column B
a. Buenos días. ¿Qué desea?	**1.** Ciento cincuenta. . . .
b. ¿Tiene Ud. cheques de viaje o billetes?	**2.** Estoy en el Hotel La Mancha en la Avenida de la Castellana.
c. Con cheques de viaje le damos . . . pesetas por . . . ¿Cuánto quiere cambiar?	**3.** ¿A qué caja tengo que ir?
	4. Quiero cambiar . . . a pesetas. ¿A cómo está el cambio?
d. ¿Me permite su pasaporte, por favor?	**5.** Gracias. Adiós.
e. ¿Cuál es su dirección aquí en Madrid?	**6.** Tenga.
f. Bien. Firme aquí y luego pase por la caja.	**7.** Tengo cheques de viaje.
g. A la número cinco.	

Now get together with another student and play the roles of foreign tourist and bank clerk. Vary some of the information you give and request.

USEFUL EXPRESSIONS

¿podría decirme . . .?	*could you tell me . . .?*
el cambio está a . . .	*the rate of exchange is . . .*

3. A foreign visitor goes to the *Compañía Telefónica* (telephone company) in a Spanish town to make an international call.

CLIENTE   Buenas tardes, señorita.

TELEFONISTA   Buenas tardes. ¿Qué desea?

CLIENTE   Quiero llamar a Boston, en los Estados Unidos.

TELEFONISTA   Las líneas con los Estados Unidos están ocupadas.

CLIENTE   ¿Qué demora (*delay*) hay?

TELEFONISTA   Hay una hora de demora. ¿Quiere Ud. esperar?

CLIENTE   Sí, está bien.

TELEFONISTA   ¿Qué número de Boston quiere Ud.?

CLIENTE   El 748 2109.

TELEFONISTA   Bien. Le avisaré cuando esté lista su llamada.

CLIENTE   Gracias.

Now with another student, create similar conversations using other cities and telephone numbers.

Unit Summary

1. Asking for and giving explanations about procedures:

   ¿Qué hay que hacer para llamar a Dallas?
   Primero hay que marcar el 1230, después tienes que marcar el código del país. Luego marcas el código de la ciudad y el número al que quieres llamar.

   ¿Hace falta pagar por el carnet de conducir?
   Sí, hace falta/hay que pagar.

2. Requesting services:

   ¿Qué desea?
   Quiero cambiar dólares a pesetas.
   Déme cuatro sellos de cuarenta pesetas.

Structure and Vocabulary Review

1.

Hay que	traer una fotografía.
Hace falta	dar referencias.
Tiene(s) que	cambiar dinero.

2.

Primero	
Luego	
Después	tiene que marcar el número.
Finalmente	

3.

	cuatro sellos.
Déme	una tarjeta postal.
	dos dólares/libras.

4.

	enviar un paquete.
Quiero	llamar a Boston.
	el número 748 2109.

5.

¿Cuánto		cambiar?
¿Qué número	quiere	Ud.?

6.

	esperar?
¿Quiere Ud.	llamar a Londres?
	enviar una carta?

Unidad 6
Para mí, un café

A In this section you will practice expressing wants and needs, with a focus on shopping.

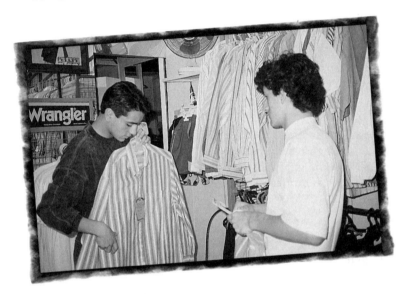

1. Jaime, a salesclerk, is serving a customer buying some clothes. Note that as the customer is a young person, Jaime is using the familiar form.

JAIME	Hola.
CLIENTE	Hola. Quisiera comprar una camisa.
JAIME	¿Quieres una camisa de vestir o deportiva?
CLIENTE	Deportiva.
JAIME	¿Cuál es tu talla?
CLIENTE	Treinta y ocho.
JAIME	Pues, en la talla treinta y ocho tenemos éstas a rayas, por ejemplo. También las tenemos lisas.
CLIENTE	No, prefiero una a rayas. ¿Son de algodón?
JAIME	Sí, de algodón.

CLIENTE	¿Y cuánto valen?
JAIME	Tres mil doscientas pesetas.
CLIENTE	¿Puedo probármela?
JAIME	Sí, por supuesto. El probador está al fondo.

(*The customer tries on the shirt and comes back to the salesclerk.*)

JAIME	¿Cómo te queda?
CLIENTE	Me queda muy bien.
JAIME	Es una camisa muy bonita.
CLIENTE	Pues, me la llevo.
JAIME	¡Vale! ¿Quieres algo más?
CLIENTE	Sí, quisiera una chaqueta.
JAIME	Las chaquetas están por aquí.

Preguntas

a. ¿Qué tipo de camisa quiere el cliente?
b. ¿Qué talla usa?
c. ¿Prefiere una camisa a rayas o una lisa?
d. ¿Cuánto valen las camisas?
e. ¿Cómo le queda la camisa al cliente?
f. ¿Qué más quiere comprar?

Get together with a classmate and play the roles of salesclerk and customer buying clothes. Use some of the expressions below and, unless you know the equivalent, give the size you wear in your own country. Salesclerks normally know the equivalents.

USEFUL EXPRESSIONS

¿Qué desea?/¿Dígame?	*Can I help you?*
Quisiera ver . . .	*I'd like to see . . .*
¿Qué color/modelo prefiere?	*What color/model do you prefer?*
(No) me gusta.	*I (don't) like it.*
talla pequeña/mediana/grande	*small/medium/large size*
Me queda grande/pequeño(a).	*It's too big/small for me.*
Me queda largo(a)/apretado(a).	*It's too long/tight for me.*
No me queda bien.	*It doesn't fit well.*
¿Tiene uno(a) más grande/pequeño(a)?	*Have you got a larger/smaller one?*
¿Quiere probárselo/la?	*Do you want to try it on?*

Artículos	Precios
un traje	20.000 pts.
un vestido	8.000 pts.
una falda	5.500 pts.
una blusa	3.800 pts.
una chaqueta	10.000 pts.
unos pantalones	7.000 pts.
pts. = pesetas	

Tallas
Vestidos, faldas y trajes de mujer

Estados Unidos	10	12	14	16	18	20
Gran Bretaña	32	34	36	38	40	42
Europa	38	40	42	44	46	48

Chaquetas y trajes de hombre

E.U./G.B.	36	38	40	42	44	46
Europa	46	48	50	52	54	56

Camisas de hombre

E.U./G.B.	14	14½	15	15½	16	16½	17
Europa	36	37	38	39	41	42	43

2. Study this photograph of a store in Spain.

Preguntas

   a. ¿Cómo se llama la tienda?
   b. ¿Qué venden en esta tienda?
   c. ¿Qué puedes hacer con tu viejo tejano?
   d. ¿Cuánto dinero te pueden dar por tu viejo tejano?
   e. ¿Existe este tipo de tienda en tu país?
   f. ¿Cuánto cuesta aproximadamente un tejano nuevo en tu país?

3. Read the following dialogue between a customer and a clerk of *Frutería y Abarrotes Ramírez*.

DEPENDIENTE	Buenos días. ¿Qué desea?
CLIENTE	Quiero un kilo de manzanas.
DEPENDIENTE	¿Algo más?
CLIENTE	Sí, déme también medio kilo de naranjas y dos aguacates.
DEPENDIENTE	Aguacates no quedan.
CLIENTE	¿Tiene tomates?
DEPENDIENTE	Sí, sí tenemos. ¿Cuántos le pongo?
CLIENTE	Déme un kilo y medio.
DEPENDIENTE	¿Quiere alguna cosa más?
CLIENTE	Sí, media docena de huevos y un frasco de aceitunas negras.
DEPENDIENTE	¿Le doy un frasco grande o pequeño?
CLIENTE	¿Cuánto vale el grande?
DEPENDIENTE	El grande cuesta cuarenta y ocho pesos.
CLIENTE	Déme uno grande.
DEPENDIENTE	Aquí tiene Ud. ¿Algo más?
CLIENTE	No, nada más. ¿Cuánto es todo?

DEPENDIENTE Un momento, que le hago la cuenta. Un kilo de manzanas . . . medio kilo de naranjas . . . un kilo y medio de tomates . . . media docena de huevos y un frasco grande de aceitunas. Son sesenta y tres pesos en total. Pague Ud. en la caja, por favor.

CLIENTE Gracias. Adiós.

With a classmate, create similar conversations using items from the list below.

1	kg. de arroz	$ 6.00 (pesos)
1	kg. de azúcar	$ 5.00
¼	kg. de té	$35.00
1	frasco de café	$44.00
1	barra de pan	$ 2.00
1	paquete de mantequilla	$ 5.00
1	botella de leche	$ 3.00
1	caja de chocolates	$60.00

B Here is more practice expressing wants and needs, this time with a focus on eating out. You will also learn to offer people something to eat or drink.

1. Carlos and Francisca are customers at the *Restaurante Teide* in Tenerife (Canary Islands).

CARLOS	Buenas noches. Queremos una mesa para dos.
CAMARERO	¿Quieren sentarse en ésa del rincón?
CARLOS	Sí, está bien.
CAMARERO	Un momento, que les traigo la carta. (*He brings the menu.*) Aquí la tienen. Vuelvo en seguida.

(*Carlos and Francisca decide what they want to eat.*)

CAMARERO	¿Qué van a tomar?
FRANCISCA	Yo quiero sopa de pescado y de segundo, chuletas de cerdo con papas fritas.
CAMARERO	¿Va a tomar ensalada?
FRANCISCA	Sí, tráigame una ensalada mixta.
CAMARERO	¿Y para Ud., señor?
CARLOS	Para mí una tortilla a la española.
CAMARERO	¿Y de segundo?
CARLOS	De segundo quiero arroz con pollo.
CAMARERO	¿Van a beber algo?
FRANCISCA	Un agua mineral para mí.
CAMARERO	¿Con gas or sin gas?
FRANCISCA	Con gas.
CARLOS	A mí tráigame una cerveza.

Get together with two or more students to make up other conversations like the one above. Use items from the photograph and the menu below.

MENÚ A LA CARTA

Entradas

	500 pts.
Ensaladas variadas	450 pts.
Sopa de verduras	580 pts.
Sopa de mariscos	600 pts.
Tortillas variadas	

Platos fuertes

	2200 pts.
Paella	2000 pts.
Cocido	2000 pts.
Pescado frito o a la plancha	2300 pts.
Chuletas de ternera,	
de cordero, de cerdo	2100 pts.
Riñones al jerez	

Postres

	450 pts.
Fruta	500 pts.
Flan	380 pts.
Helados	

USEFUL EXPRESSIONS

¿tiene . . . ?	*do you have . . . ?*
sí/no tenemos	*yes, we have/no, we don't have*
prefiero . . .	*I prefer . . .*
tráiganos . . .	*bring us . . .*

2. Two friends, Marta and Silvia, go into a café.

CAMARERA ¿Qué van a tomar?

SILVIA Para mí un café con leche.

CAMARERA ¿Y para Ud.?

MARTA A mi tráigame un café solo.

CAMARERA Un café solo y un café con leche. ¿Van a comer algo?

SILVIA Sí, quiero un bocadillo de jamón.

MARTA Para mí nada, gracias.

(*After finishing their coffee, they ask for the bill.*)

SILVIA Nos trae la cuenta, por favor.

CAMARERA Sí, en seguida.

Work together with one or more classmates to make up similar conversations using items from the list below.

Bocadillos	Raciones
Queso manchego	Calamares fritos
Jamón serrano	Boquerones
Jamón York	Salmonete
Atún	Chorizos
Salchichón	Tortilla española

Note that *el bocadillo,* sandwich, is normally used in Spain; Latin Americans use *el sándwich.*

3. Can you make sense of this conversation? Match each question with the
corresponding answer.

Pregunta

a. ¿Qué quieres beber?
b. ¿Cómo lo quieres?
c. ¿Cuánta azúcar quieres?
d. ¿Quieres comer algo?

Respuesta

1. No gracias, no tengo hambre.
2. Una cucharadita solamente.
3. Un café, por favor.
4. Con leche.

Unit Summary

1. Expressing wants and needs:

(a) Shopping

Quisiera comprar una camisa.
Quisiera una chaqueta.
Quiero un kilo de manzanas.
Déme medio kilo de naranjas.

(b) Eating out

Quiero sopa de pescado.
Tráigame una ensalada mixta.
Para mí una tortilla a la española.
Nos trae la cuenta, por favor.

2. Offering people something to eat or drink:

¿Qué van a tomar?
¿Va a tomar ensalada?
¿Qué quieres beber?
¿Quieres comer algo?

Structure and Vocabulary Review

1. ¿Qué desea?

Quiero	una camisa.
Quisiera	unos pantalones.

2. ¿Cuánto cuesta(n)? ¿Cuánto vale(n)?

La mantequilla	cuesta/vale	5 pesos
Las manzanas	cuestan/valen	4 pesos

3. ¿Cuánto es?

Es	un dólar/una libra.
Son	ciento cincuenta pesos/pesetas.

4. ¿Qué prefiere?

Prefiero	una camisa a rayas.
	una a rayas.

5. ¿Qué va a tomar?

Quiero	café con leche.
	chuletas con ensalada.

6. ¿Cómo lo/las quiere?

Lo quiero	con leche.
Las quiero	con ensalada.

7. ¿Puedo probármelo/la?

¿Puedo probarme la camisa?	¿Puedo probármela?
¿Puedo probarme los pantalones?	¿Puedo probármelos?

8. ¿Cómo le/te queda(n)?

La camisa	me queda	muy bien.
Los pantalones	me quedan	grandes.

9. ¿Qué le(s) trae el camarero?

(Yo)	le(s)	traigo	la cuenta.*
El camarero		trae	

Me Nos	trae	un café. un agua mineral. la cuenta.

*Note: Tráigame (nos) la cuenta (por favor).

Unidad 7
Pensamos ir a México

In Section A of this Unit, you will practice expressing your aspirations and intentions.

 1. Read this letter from Ramón, a Costa Rican, to his friend Pat.

San José, 2 de junio

Querida Pat:

Hoy es domingo y aprovecho que no hay nadie en casa para responder a tu carta.

Por lo que veo estás muy ocupada con tus estudios, lo mismo que yo. Te deseo mucho éxito en tus exámenes.

Mis vacaciones empiezan a fines de este mes. A principios del mes de julio mis padres y yo pensamos ir a México a pasar algunos días. Nuestra intención es estar cuatro días en la capital. Luego pensamos quedarnos tres días en Guadalajara, donde tenemos unos amigos, y finalmente queremos pasar una semana en Cancún. Esperamos estar por lo menos quince días fuera de San José. Nuestros planes son salir de aquí el 5 de julio y volver el 21.

¿Y qué piensas hacer tú? ¿Cuándo vienes a San José otra vez? Mis padres siempre preguntan por ti y te envían muchos recuerdos. Espero recibir pronto noticias tuyas.

Abrazos,

Ramón

Preguntas

a. ¿Cuándo empiezan las vacaciones de Ramón?
b. ¿Adónde piensan ir él y sus padres?
c. ¿Qué ciudad piensan visitar primero? ¿Por cuántos días?
d. ¿Cuánto tiempo quieren pasar en Cancún?
e. ¿Cuánto tiempo esperan estar fuera de San José?
f. ¿Cuándo piensan salir de San José?
g. ¿Cuándo esperan volver?

2. Carlos and Marta, two Chileans, want to take the tour of Mexico advertised below. Imagine that you are answering someone's questions about their travel plans. Look at the advertisement and answer the questions.

ANDALE ANDALE ANDALEEE...
MEXICO LINDO

Programa incluye: **9 DIAS y 8 NOCHES.**

* Boletos aéreos Santiago / México / Santiago Vía LACSA.
* 04 Noches Ciudad de México.
* 01 Noche en Taxco.
* 03 Noches en Acapulco.
* Asistencia en viaje.
* Incluyen todos los traslados.

Valor del Programa
VALOR BASE
HABITACION DOBLE
US $ 1.031

Actividades recreativas
concursos, fiestas y mucho más

Unica Salida: 09 de Abril
LO DEMAS DESCUBRALO
USTED MISMO.

SERPROTUR LTDA.
SUECIA 42 OF.605 Providencia
Fonos:2344710 - 2344711 - 2344461
Fax:2343930 Stgo.,Chile.

a. ¿Adónde quieren ir de vacaciones Carlos y Marta?
b. ¿Cuántos días piensan estar allí?
c. ¿Qué ciudades esperan visitar?
d. ¿Qué día piensan salir?
e. ¿Cuánto cuesta el programa?
f. ¿Qué incluye?

3. Talk with a classmate about your next vacation, giving real or imaginary information. Use expressions from the exercises above and the list on the next page.

USEFUL EXPRESSIONS

¿Qué planes tienes?	*What plans have you got?*
¿Qué quieres/esperas hacer?	*What do you want/hope to do?*
voy/vamos a . . .	*I'm/we're going to . . .*
salgo/salimos el . . .	*I'm/we're leaving on . . .*
vuelvo/volvemos el . . .	*I'm/we're coming back on . . .*
pienso quedarme/pensamos quedarnos en . . .	*I'm/we're thinking of staying in . . .*
quiero/queremos pasar (unos días) en . . .	*I/we want to spend (a few days) in . . .*

4. You are asking a friend about his or her vacation plans. Here are the answers. What are your questions?

   a. _____
      Este verano pienso ir a América del Sur.
   b. _____
      Quiero ir a Brasil y Argentina.
   c. _____
      Pienso visitar Río de Janeiro y San Pablo, luego Buenos Aires.
   d. _____
      En Brasil espero estar quince días.
   e. _____
      En Buenos Aires una semana.
   f. _____
      Pienso irme el 30 de agosto y volver el 20 de septiembre.

5. Read these comments by three students about their plans for the future.

   (i) **Andrés,** 17 años, colombiano, de Cali.
       "Después de dejar el colegio pienso ir a la Universidad. Quiero estudiar Ciencias Políticas en la Universidad de Bogotá.
       Después de terminar mis estudios espero conseguir alguna beca para hacer estudios de postgraduado en Europa o en los Estados Unidos".

   (ii) **Cecilia,** 22 años, chilena, de Valparaíso.
        "En diciembre de este año termino la carrera de Administración

de Empresas en la Universidad de Valparaíso y el próximo año espero conseguir un trabajo en alguna firma. Mis intenciones son irme a Santiago, la capital, donde vive Álvaro, mi novio. Álvaro trabaja en una compañía de importaciones y está bastante contento con su trabajo. Pensamos casarnos dentro de seis meses".

(iii) **Esteban,** 18 años, mexicano, de León.

"Acabo de dejar el colegio, pero no quiero seguir ninguna carrera. Mis planes son salir de México por uno o dos años. Tengo muchas ganas de ir a los Estados Unidos donde tengo algunos parientes. Ellos viven en Los Ángeles. Si no puedo viajar al extranjero, pienso irme al Distrito Federal donde vive Luis, mi hermano mayor. Luis está casado y trabaja en un banco".

Preguntas

(i) **a.** ¿Qué piensa hacer Andrés después de dejar el colegio?
   b. ¿Qué quiere estudiar?
   c. ¿En qué universidad?
   d. ¿Qué espera hacer después de terminar sus estudios?

(ii) **a.** ¿Qué carrera está haciendo Cecilia?
   b. ¿Dónde estudia?
   c. ¿Qué espera hacer el próximo año?
   d. ¿Adónde quiere irse?
   e. ¿Dónde trabaja su novio?
   f. ¿Cuándo piensan casarse?

(iii) **a.** ¿Cuáles son los planes de Esteban?
   b. ¿Adónde tiene ganas de ir?
   c. ¿Dónde viven sus parientes?
   d. ¿Adónde piensa ir si no va al extranjero?
   e. ¿Dónde trabaja su hermano Luis?

6. Get together with one or more students to talk about your plans for the future. Ask and answer questions like these:

   • ¿Qué piensas hacer en el futuro?
   • ¿Quieres seguir estudiando?
   • ¿Qué carrera piensas seguir?
   • ¿Dónde quieres estudiar?
   • ¿Piensas casarte pronto?
   • ¿Qué otros planes tienes?

B In Section B you will practice talking about preferences.

1. A Spanish magazine carried out a survey among young people in Madrid, Barcelona, and Seville. Three hundred people between the ages of 18 and 25 took part in this survey, which focused mainly on their preferences in sports and leisure activities. These are some of the results:

ENCUESTA

¿Qué deporte prefiere Ud.?

El tenis	174
El fútbol	90
La natación	36

¿Adónde prefiere ir en sus vacaciones?

A la playa	137
A la montaña	124
Al campo	39

¿Qué ciudad extranjera prefiere?

Nueva York	143
París	59
Londres	98

¿Cuántas horas semanales dedica a la práctica de los deportes?

Más de 2 horas	158
Más de 4 horas	84
Más de 6 horas	58

¿Qué tipo de música prefiere?

La música *pop*	183
La música clásica	95
La música folklórica	22

¿Qué ciudad de España prefiere?

Barcelona	160
Madrid	54
Sevilla	86

Preguntas

a. ¿Qué deporte prefiere la mayoría de los jóvenes?
b. ¿Cuántas horas semanales dedica la mayoría de ellos a los deportes?
c. ¿Cuál es el lugar preferido para pasar las vacaciones?
d. ¿Qué tipo de música prefiere la mayoría?
e. ¿Qué tipo de música es menos popular?
f. ¿Cuál es la ciudad extranjera favorita?
g. ¿Qué ciudad de España prefieren?

2. Get together with a classmate and discuss your own preferences, giving reasons if you can. Choose from the alternatives above and add others of your own. Use questions similar to those in the box, using the familiar form if you prefer and making other necessary adaptations, for example: *¿Qué ciudad de (Estados Unidos/California/Inglaterra) prefieres?*

USEFUL EXPRESSIONS

Prefiero (la natación).	*I prefer (swimming).*
Prefiero ir a . . .	*I prefer to go to . . .*
¿por qué?	*why?*
porque	*because*
es más divertido/agradable	*it's more fun/pleasant*
es más saludable/bonito	*it's healthier/prettier*
en cuanto a	*as for*

Now report on your classmate's preferences to the rest of the class. For example:

> David prefiere la natación. Él dedica siete horas semanales a la práctica de este deporte. En sus vacaciones David prefiere ir al campo, porque es más saludable. En cuanto a música, él prefiere . . .

3. Read these people's comments about the type of work they prefer to do.

   (i) **Gloria Araya,** 17 años, venezolana, soltera.
   "Prefiero un trabajo seguro y para toda la vida. Para mí el dinero es menos importante que la seguridad".

   (ii) **Guillermo Rodríguez,** 22 años, peruano, soltero.
   "Lo más importante para mí es la variedad y la acción. Prefiero aquellos trabajos donde es posible viajar mucho y conocer gente diferente todos los días".

   (iii) **Eduardo Carmona,** 28 años, español, casado.
   "La seguridad en el trabajo no tiene tanta importancia para mí como el aspecto económico. Prefiero un puesto de responsabilidad. En el futuro espero ser gerente o director de alguna gran empresa".

(iv) Rosa Maturana, 24 años, ecuatoriana, casada.
"Prefiero aquellas actividades donde puedo ayudar y ser útil a otra gente. Naturalmente el aspecto económico también tiene importancia, pero el servir a otras personas me produce mucha más satisfacción. Soy enfermera y estoy muy contenta con mi trabajo".

Preguntas

(i) **a.** ¿Qué tipo de trabajo prefiere Gloria?
b. ¿Es muy importante el dinero para ella?

(ii) **a.** ¿Qué es lo más importante para Guillermo?
b. ¿Qué tipo de trabajo prefiere?

(iii) **a.** ¿Qué es más importante para Eduardo, la seguridad en el trabajo o el aspecto económico?
b. ¿Qué tipo de puesto prefiere?
c. ¿Cuáles son sus planes para el futuro?

(iv) **a.** ¿Qué tipo de actividades prefiere Rosa?
b. ¿En qué trabaja ella?
c. ¿Está satisfecha con su trabajo?

4. Express your own ideas about the type of work you prefer to do. Use phrases like these:

- Prefiero aquellos trabajos donde es posible . . .
- Prefiero aquellas actividades donde puedo . . .
- Para mí tiene más importancia . . .
- Lo más importante para mí es . . .
- Lo menos importante para mí es . . .

Use some of the ideas listed below and add others of your own.

ASPECTOS QUE CONSIDERO IMPORTANTES AL ELEGIR UN TRABAJO
El sueldo
La seguridad a largo plazo
Ayudar a otra gente
Viajar
Conocer gente
Grado de responsabilidad
Vacaciones y otros beneficios
Oportunidad de ascenso
La variedad

Now ask a classmate to consider the different aspects of a job mentioned in the box; ask him/her to number them from 1 to 9, with 1 being the most important, and 9 the least. Then present his/her answers to the rest of the class. Here is an example:

> Para Elizabeth, lo más importante al elegir un trabajo es . . ., mientras que lo menos importante es . . . El segundo/tercer aspecto más importante para ella es . . . La seguridad a largo plazo y el grado de responsabilidad no tienen mucha importancia para Elizabeth.

Unit Summary

1. Expressing aspirations:

   Espero conseguir alguna beca.
   Esperamos estar por lo menos quince días.

2. Expressing intentions:

   Pienso ir a la Universidad.
   Nuestra intención es estar allí cuatro días.
   Nuestros planes son salir el 5 de julio.
   Quiero estudiar Ciencias Políticas.
   Queremos pasar una semana en Cancún.

3. Talking about preferences:

   ¿Qué deporte prefiere Ud.?
   Prefiero el tenis.

   ¿Qué prefieres hacer en tu tiempo libre?
   Prefiero escuchar música.

Structure and Vocabulary Review

1.

¿Qué	piensa(n) quiere(n) prefiere(n) espera(n)	hacer?

2.

Pienso Quiero Prefiero Espero	ir a la Universidad.

3.

Pensamos Queremos Preferimos Esperamos	visitar Cancún.

4.

Mi Nuestra	intención	es	salir el 5 de julio.
Mis Nuestros	planes	son	volver el 21.

5.

después luego antes	de	terminar

6.

Acabo de	volver a San José. dejar el colegio. recibir tu carta.

7.

Tengo ganas de	ir a los Estados Unidos. viajar al extranjero. conseguir un trabajo.

Unidad 8
Puede estacionar en la plaza

A In this section you will practice expressing possibility and impossibility, necessity and permission. You will also talk about actions that are prohibited.

1. Jorge, from Veracruz, Mexico, arrives at a hotel on the outskirts of Mexico City. After getting a room for the night, Jorge asks the hotel receptionist where he can park his car.

JORGE   Buenos días.

RECEPCIONISTA   Buenos días, señor. ¿En qué puedo servirle?

JORGE   ¿Tiene una habitación individual?

RECEPCIONISTA   Sí, sí tenemos. ¿Para cuánto tiempo?

JORGE   Una noche solamente. Me voy mañana.

RECEPCIONISTA	Un momentito, por favor. Pues, puedo darle la habitación 801, que está en el octavo piso.
JORGE	¿Da a la calle?
RECEPCIONISTA	No, señor. Da al jardín. Es una habitación muy tranquila.
JORGE	Tiene baño, ¿no?
RECEPCIONISTA	Sí, señor, todas las habitaciones tienen baño.
JORGE	¿Y cuánto vale?
RECEPCIONISTA	Ciento veinte pesos.
JORGE	¿El desayuno está incluido?
RECEPCIONISTA	No, el desayuno se paga aparte.
JORGE	Está bien. Y dígame, ¿dónde puedo estacionar?
RECEPCIONISTA	Al lado derecho del hotel hay un estacionamiento. Allí puede estacionar.
JORGE	Ah, necesito hacer una llamada a los Estados Unidos. ¿Puedo llamar desde la habitación?
RECEPCIONISTA	Sí, llame usted a la telefonista y pida el número que desea.
JORGE	Gracias.
RECEPCIONISTA	Aquí tiene su llave, señor. El elevador está al fondo.

Practice the conversation above with a classmate until you can say it without looking at the text. Then make up similar conversations using the expressions you have learned and some of the expressions below.

USEFUL EXPRESSIONS

una habitación doble	a double room
para una semana	for a week
tener teléfono/televisión	to have a telephone/television
tener aire acondicionado/ calefacción	to have air conditioning/ heating

Note the word *elevador* (*m*), elevator, used in Mexico. In some other Latin American countries and in Spain you will hear *el ascensor* instead.

2. Can you make sense of this conversation between a motorist and a policeman? Match each expression with the appropriate answer.

Preguntas

a. ¿Se puede estacionar en esta calle?

b. ¿Hay algún estacionamiento por aquí?

c. ¿Puedo doblar a la derecha en esta calle?

d. ¿Dónde está?

Respuestas

1. En la Plaza Mayor hay uno.
2. No, está prohibido estacionar aquí.
3. Está a dos cuadras de aquí, a la derecha.
4. No, aquí sólo está permitido doblar a la izquierda. Tiene que continuar hasta la próxima calle.

3. Find an appropriate answer for each of the questions on the next page.

Preguntas

a. ¿Dónde se puede lavar esta ropa?
b. ¿Cómo se puede viajar de Madrid a Barcelona?
c. ¿Dónde puedo cambiar este dinero?
d. ¿Cuándo puedes venir?
e. ¿Dónde se puede reparar este reloj?
f. ¿A qué hora podemos salir?
g. ¿Dónde se puede reparar este neumático?

Respuestas

1. Aquí enfrente hay una Casa de Cambio.
2. A las 4.30.
3. En la esquina hay una lavandería.
4. En tren, en avión o en autobús.
5. Pasado mañana.
6. Al final de esta calle hay un garaje.
7. En la relojería que está al lado del banco.

B Here you will practice telling what or whom you know or don't know, as well as what you can or can't do.

1. Study this conversation between the secretary of a Spanish businessman and a foreign visitor.

Secretaria	Buenas tardes. ¿En qué puedo servirle?
Sr. Robinson	Quisiera hablar con el señor Martínez.
Secretaria	Lo siento, el señor Martínez no puede recibir a nadie en este momento. Está en una reunión. ¿Puede Ud. venir mañana?
Sr. Robinson	Mañana me es imposible.
Secretaria	¿Puede venir el miércoles, entonces?
Sr. Robinson	Sí, el miércoles sí. ¿A qué hora puedo venir?

SECRETARIA   A las diez y media. ¿Está bien?

SR. ROBINSON   Sí, está bien.

SECRETARIA   ¿Cómo se llama usted?

SR. ROBINSON   Paul Robinson.

SECRETARIA   De acuerdo, señor Robinson. Hasta el miércoles.

SR. ROBINSON   Hasta el miércoles. Gracias.

Preguntas

a. ¿Con quién quiere hablar el Sr. Robinson?

b. ¿Por qué no puede ver al Sr. Martínez?

c. ¿Cuándo puede ver al Sr. Martínez?

d. ¿A qué hora puede verlo?

Now work with another student to make up a similar dialogue. Use other names and make an appointment for a different day and time.

2. Read these two conversations.

a.   TURISTA   Perdone.

TRANSEÚNTE   Sí, ¿dígame?

TURISTA   ¿Sabe usted dónde está la Calle Carlos V?

TRANSEÚNTE   Lo siento, no lo sé. No conozco muy bien la ciudad.

b. MARIDO   ¿Conoces a Luis Cisternas?

MUJER   No, no lo conozco. No sé quién es.

MARIDO   Es el hermano de Ángela, la chica de la tienda de la esquina.

MUJER   Sí, a ella sí la conozco.

MARIDO   Pues, se va a los Estados Unidos.

MUJER   ¿A trabajar?

MARIDO   Sí, a trabajar.

MUJER   ¡Qué bien! ¿Y sabe inglés?

MARIDO   No lo sé. Supongo que sí.

With another student, practice the two conversations above until you can say them without looking at the text. Pay special attention to the uses of *saber* and *conocer*, to know. Then complete the dialogue below with the correct form of *conocer* or *saber*. Use the familiar form of the verb where appropriate. Practice the conversation with your partner.

A   ¿Adónde piensas ir este verano?

B   Pienso ir a Barcelona.

A   ¿ _____ ya Barcelona?

B   No, es la primera vez que voy, pero _____ que es una ciudad muy bonita.

A   ¿Y _____ a alguien allí?

B   No, no _____ a nadie.

A Pues, yo tengo un amigo allí. Nos _____ desde hace muchos años. Es catalán. Y tú, ¿ _____ algo de catalán?

B No _____ nada. Sólo hablo español.

3. You are on vacation in Peru. It is your first day and you need to exchange some money. Join with another student and complete this conversation with the hotel receptionist, following the guidelines in English.

RECEPCIONISTA Buenos días. ¿En qué puedo servirle?

USTED (*Say that you need to exchange some money. Ask him if he knows where you can exchange it.*)

RECEPCIONISTA Pues, el Banco Nacional está a diez minutos de aquí, en la Calle Libertad.

USTED (*Say that you don't know where Calle Libertad is. You don't know the city. It is the first time you've come here.*)

RECEPCIONISTA Bueno, la Calle Libertad está a la izquierda, al final de esta avenida. Pero el banco está cerrado.

USTED (*Ask him if he knows what time they open.*)

RECEPCIONISTA Abren a las nueve y media.

USTED (*You'd better get some other information from him. Ask him if he knows of a good Peruvian restaurant nearby.*)

RECEPCIONISTA Pues sí, El Otro Sitio está cerca de aquí. Es un restaurante de comida peruana e internacional. Es muy

bueno. Se lo recomiendo. Está en la Calle Antonia
López. Mire usted, aquí hay un plano de la ciudad . . .

USEFUL EXPRESSIONS

cambiar dinero	*to exchange money*
primera vez (f)	*first time*
venir	*to come*
abrir	*to open*
peruano	*Peruvian*
por aquí	*nearby*

---

4. Imagine that you are being interviewed for a job involving use of the
   Spanish language. These are some of the questions you will be asked in
   a preliminary interview in Spanish.

   a. ¿Conoce Ud. a alguien en esta compañía?
   b. ¿Conoce Ud. algún país de habla española?
   c. ¿Qué país(es)?
   d. ¿Qué otro(s) país(es) conoce Ud.?
   e. ¿Sabe Ud. conducir?
   g. ¿Tiene carnet de conducir?
   g. ¿Sabe Ud. manejar una computadora?
   h. ¿Qué programas conoce Ud.?

   Note: *Una computadora* or *un computador,* a computer, is normally
   known as *un ordenador* in Spain.

5. Ask a classmate the same questions, using the familiar form. For
   example:

   ALUMNO A   ¿Conoces algún país de habla española?
   ALUMNO B   No, no conozco ningún país de habla española. *or*
              Conozco (México y España).
   ALUMNO A   ¿Sabes conducir?
   ALUMNO B   Sí, sé conducir. *or* No, no sé conducir.

   After going through all the questions, report back to the rest of the class
   with your results. For example:

   "(Simón) no conoce ningún país de habla española y no sabe
   conducir".

   Note: Latin Americans normally use the word *manejar,* to drive, instead
   of *conducir.*

Unit Summary

1. Expressing possibility and impossibility:

   ¿Puede Ud. venir mañana?
   Mañana no puedo venir.
   Mañana me es imposible venir.

2. Expressing necessity:

   Necesito hacer una llamada a los Estados Unidos.
   Necesito cambiar dinero.

3. Expressing permission:

   ¿Se puede aparcar en esta calle?
   Sí, se puede aparcar.
   Sólo está permitido doblar a la izquierda.

4. Expressing prohibition:

   Está prohibido aparcar aquí.
   Está prohibido doblar a la derecha.

5. Telling what or whom you know or don't know:

   ¿Sabe Ud. dónde está la Calle Carlos V?
   No, no sé dónde está.

   ¿Conoces Barcelona?
   Sí, conozco Barcelona.

   ¿Conoces a alguien aquí?
   No, no conozco a nadie.

6. Expressing ability or inability:

   ¿Sabes algo de catalán?
   No sé nada de catalán.

   ¿Sabe usted manejar una computadora?

Structure and Vocabulary Review

1.

Puedo Puede(s) Podemos	venir mañana.

2.

Me Te Le Nos Les	es imposible	venir mañana.

3.

¿Dónde ¿Cuándo ¿A qué hora	se puede	aparcar?

4.

(No)	está	prohibido permitido	doblar a la izquierda.

5.

(No)	sé sabe(s) sabemos saben	dónde está. quién es.

6.

¿Sabe(s)	dónde está? catalán? manejar una computadora?

7.

(No)	conozco conoce(s) conocemos conocen	a Luis Cisternas. Barcelona.

8.

¿Conoce(s)	a alguien aquí? algún país de habla española?

9.

No conozco	a nadie aquí. ningún país de habla española.

Unidad 9
Me levanto a las seis y media

A In Section A of this Unit, you will learn to ask and answer questions about daily activities, especially those related to school and work.

1. At a conference Elena meets Raquel. Elena tells her new acquaintance about her daily routine.

RAQUEL ¿Dónde trabajas?

ELENA Trabajo en una empresa de seguros.

RAQUEL ¿Cuál es tu horario de trabajo?

ELENA Bueno, empiezo a las nueve de la mañana y termino a las cinco.

RAQUEL ¿Vives cerca de la empresa?

ELENA No, vivo un poco lejos. Para llegar a la oficina a las nueve, me levanto a las seis y media y por la tarde no llego a casa antes de las siete. Tú sabes cómo es el tráfico a esa hora.

RAQUEL   Ya lo sé. ¡Es fatal!

ELENA   ¿Y tú qué haces?

RAQUEL   Soy diseñadora, pero trabajo en casa.

With another student, practice the dialogue, exchanging roles, until you can say it without looking at the text. Then make up similar conversations about your work and daily routine, adding other information if you wish.

2. Read this text about Isabel Herrera. It tells you something about her work and her daily life.

ISABEL HERRERA

Se levanta a las siete y media. Le prepara el desayuno a Ignacio, su hijo de cinco años, y acompañada por José Manuel, su marido, lo lleva a la escuela donde estudia. Luego Isabel hace las compras del día, antes de abrir su pequeña tienda de ropa de señoras a las diez.

Normalmente no tiene tiempo para ir a comer a casa, y lo hace en algún restaurante cerca de la tienda. Por la tarde va a visitar a alguna amiga y a las cuatro vuelve otra vez a la tienda.

Preguntas

a. ¿A qué hora se levanta Isabel?

b. ¿Qué hace después de levantarse?

c. ¿Adónde lleva a su hijo?

d. ¿Qué hace antes de abrir su tienda?

e. ¿A qué hora abre la tienda?

f. ¿Dónde come generalmente?

g. ¿Qué hace por la tarde?

h. ¿A qué hora abre la tienda por la tarde?

USEFUL EXPRESSIONS

desayuno	*I have breakfast*
salgo de casa/la oficina/el colegio	*I leave the house/office/school*
tomo el autobús/tren/metro	*I take the bus/train/subway*
como en . . .	*I have lunch in . . .*
ceno a las . . .	*I have dinner at . . .*
me acuesto a las . . .	*I go to bed at . . .*

3. Use the preceding passage as a model to describe the daily activities of someone you know, such as a relative or a friend. Alternatively, you may use the information gathered in the conversation with your partner in Exercise 1.

4. Read this description of Juan Cristi and one of his days at school

JUAN CRISTI

Juan Cristi es alumno de un colegio secundario en Guanajuato, México. Juan tiene normalmente cinco horas de clases cada día. Las clases empiezan a las 8.30 de la mañana y terminan a la 1.30 de la tarde. El lunes Juan tiene historia a las 8.30. Luego tiene matemáticas, inglés, educación física y geografía. Las clases duran cincuenta minutos cada una y entre cada clase hay un recreo de cinco minutos. Cuando terminan las clases Juan generalmente vuelve a su casa a almorzar.

Now give a brief oral description of your own activities on a school day. Follow the model on the previous page, beginning like this:

"Soy alumno de. . . . Tengo normalmente. . . ."

B Here you will learn to talk about leisure activities. You will learn to ask people what they usually do in their spare time and on holidays and vacations. You will also practice giving similar information about yourself.

1. Study this conversation between Patricia, an American student, and José, a student from Mexico.

PATRICIA ¿Qué hacen normalmente los mexicanos en su tiempo libre?

JOSÉ Pues, yo creo que la actividad más popular entre los mexicanos hoy en día es la televisión. En eso no hay mucha diferencia con otros países.

PATRICIA ¿Cuántas horas pasa un mexicano mirando televisión?

JOSÉ Eso depende. Pero la persona que trabaja o estudia pasa como mínimo una hora a una hora y media enfrente de la televisión. Naturalmente hay gente que no la ve nunca. Ahora, en el caso de la gente que no tiene ninguna actividad fuera de casa, pues para ellos la televisión constituye una parte importante de su día.

PATRICIA ¿A qué otra actividad dedican su tiempo los mexicanos?

JOSÉ Pienso que como en la mayoría de los países latinos, los mexicanos pasamos mucho tiempo con los amigos, en casa, en el café, en la calle, etc.

PATRICIA ¿Y los deportes son importantes?

JOSÉ Tienen menos importancia de lo que la genta piensa. Los mexicanos preferimos ser espectadores y no participantes.

Preguntas

a. ¿Cuál es la actividad más popular entre los mexicanos?

b. ¿Cuánto tiempo aproximadamente mira televisión la gente que trabaja o estudia?

c. ¿A qué otra actividad dedican su tiempo los mexicanos?

d. ¿Según José, qué importancia tienen los deportes para los mexicanos?

2. Look at this list of activities. Check the boxes of those that you do in your spare time; then number them following your order of preference.

❑ Miro televisión ____
❑ Escucho música ____
❑ Leo ____
❑ Hago deportes ____
❑ Voy al cine y espectáculos ____
❑ Salgo con amigos ____
❑ Practico algún *hobby* ____

Now get together with one or two other students to ask and answer questions like these:

- ¿Qué tipo de programas de televisión miras?
- ¿Qué clase de música escuchas?
- ¿Qué lees normalmente?
- ¿Qué deportes practicas?
- ¿Qué tipo de películas ves más frecuentemente?
- ¿A qué espectáculos vas?
- ¿Adónde sueles ir con tus amigos?
- ¿Qué *hobby* practicas?

USEFUL EXPRESSIONS

programas deportivos/culturales (*m*)	*sports/cultural programs*
noticiarios *o* noticieros (*m*)	*news programs*
documentales (*m*)	*documentaries*
teleseries (*f*) *o* telenovelas (*f*)	*soap operas*
películas (*f*)	*films*
comedias (*f*)	*comedies*
música clásica/moderna/pop	*classical/modern/pop music*
novelas (*f*)	*novels*
poesía (*f*)	*poetry*
cuentos (*m*)	*short stories*
fútbol (*m*)	*soccer*
natación (*f*)	*swimming*
tenis (*m*)	*tennis*
baloncesto (*m*)	*basketball*
películas de aventuras/de ciencia ficción/históricas/románticas	*adventure/science fiction/historical/romantic films*

3. Read this passage about the life of Sebastián Romero, a Spanish swimmer.

Para Sebastián Romero, español, de 22 años, la pasión de su vida es la natación. Sebastián está en el tercer año de Derecho en la Universidad de Madrid. Sebastián generalmente comienza su día a las 6.30 de la mañana. Después de levantarse, se ducha y se va a la piscina de un club deportivo cerca de su piso en el centro de Madrid. Allí nada hasta las 8.00 de la mañana, luego regresa a casa, desayuna rápidamente y se va a la universidad en el coche. Sobre las 3.00 ó 3.30 de la tarde vuelve a casa, normalmente come algo ligero, descansa media hora, y a las 5.00 vuelve a la piscina. A las 6.30 regresa a casa a estudiar. Cena sobre las 9.00 de la noche. Después de cenar suele mirar televisión un rato o leer. Sebastián prefiere los programas deportivos, y su lectura favorita es la novela. Hacia las 11.30 ó 12.00 se acuesta, casi siempre muy cansado.

Los fines de semana Sebastián dedica varias horas a la natación, pero también dedica tiempo a otras actividades. Va al cine con sus amigos y a veces a bailar. Durante las vacaciones de verano suele ir a la playa.

Preguntas

a. ¿Qué deporte practica Sebastián?
b. ¿Qué estudia?
c. ¿A qué hora se levanta?
d. ¿Qué hace antes de ir a la universidad?
e. ¿Dónde suele comer?
f. ¿Qué hace después de comer?
g. ¿Qué hace antes de cenar?
h. ¿Qué tipo de programa suele ver en la televisión?
i. ¿Qué prefiere leer?
j. ¿Qué hace los fines de semana? ¿Y en sus vacaciones?

Imagine that someone is writing about your life for a magazine. Write the sort of article you might like to read. Alternatively, ask one of your classmates about his/her daily life and spare time activities and write a passage like the one above.

4. Get together with one or two students to discuss some of the habits of people in your own country. Discuss topics such as these:

- Las horas de trabajo de la gente
- Las horas de las comidas
- Lo que hace la gente en sus horas libres
- Lo que hace la gente en sus vacaciones
- Qué deportes son más populares
- A qué espectáculos asiste más la gente
- Qué *hobbies* son más populares entre la gente joven, y entre los adultos
- Los hábitos de lectura

USEFUL EXPRESSIONS

Generalmente/por lo general/ normalmente	*usually/normally*
salir de paseo	*to go for a walk*
dar un paseo en coche	*to go for a drive*
regar el jardín	*to water the garden*
practicar deportes	*to practice sports*
hacer *footing (Spain);* trotar *(Latin America)*	*to jog, to go jogging*
pescar	*to fish*
ir al cine/al teatro/ a conciertos	*to go to the movies/theater/ concerts*

Unit Summary

1. Asking and answering questions about daily activities:

   ¿A qué hora se levanta usted/te levantas?
   Me levanto a las (ocho).

   ¿Qué hace(s) después?
   Desayuno, leo el periódico . . .

   ¿Dónde come(s)?
   Como en (la oficina).

   ¿Cuándo va(s) al cine?
   Voy al cine los (domingos).

2. Asking and answering questions about spare time activities:

   ¿Qué hace(s) los fines de semana/en las vacaciones?
   Voy al cine/a bailar.
   Voy a la playa.

   ¿Qué suele(s) hacer después de cenar?
   Suelo mirar televisión o leer.

3. Saying what people usually do:

   Sebastián generalmente comienza su día a las 6.30 de la mañana.
   Normalmente come algo ligero.

Structure and Vocabulary Review

1.

Me	levanto	
Te	levantas	a las ocho.
Se	levanta	tarde.
Nos	levantamos	temprano.
Se	levantan	

2.

Por lo general Generalmente Normalmente Siempre Nunca	salgo voy vuelvo me acuesto	a las 8.30.

3.

suelo sueles suele solemos soléis suelen	mirar televisión leer ir a la playa

4.

Luego de Después de Antes de	levantarme, arreglarme,	desayuno. leo el periódico.

5.

¿A qué hora ¿Dónde ¿Qué ¿Con quién	come(s)?

6.

Los fines de semana Los sábados Por la noche	se van a bailar.

Unidad 10
Me gusta la música

A In this section you will practice talking about your likes and dislikes. You will also discuss things that interest or do not interest you.

1. Read this interview with Juan Pablo, a young sculptor (*un escultor*) from Santiago, Chile. Juan Pablo talks to Adriana, a journalist, about his life, his work, and his interests.

ADRIANA	Hola, ¿cómo te llamas?
JUAN PABLO	Me llamo Juan Pablo.
ADRIANA	¿Qué haces, Juan Pablo?
JUAN PABLO	Trabajo en una imagen para la iglesia de San Andrés, un pueblito al sur de Santiago.
ADRIANA	¿Cuánto tiempo hace que te dedicas a eso?
JUAN PABLO	Hace varios años. Desde los tiempos del colegio. Me gusta mucho el arte, especialmente el tallado en madera. Es lo que más me interesa.

ADRIANA   ¿Y la escultura da para vivir?

JUAN PABLO   Desgraciadamente no, no hay suficiente trabajo. Para ganar dinero tengo que hacer otras cosas.

ADRIANA   ¿Qué cosas, por ejemplo?

JUAN PABLO   Bueno, durante la semana trabajo como asistente en una firma de arquitectos. Me gusta mucho la arquitectura.

ADRIANA   ¿Qué otros intereses tienes?

JUAN PABLO   También me interesa la música, especialmente la música clásica, y me gusta hacer deportes.

ADRIANA   ¿Qué deportes te gustan?

JUAN PABLO   El tenis y la natación.

ADRIANA   Juan Pablo, ¿cuántos años tienes?

JUAN PABLO   Tengo veinticinco años.

ADRIANA   ¿Estás casado?

JUAN PABLO   No, estoy soltero. Vivo en casa de mis padres. Todavía no gano lo suficiente como para vivir independiente-mente.

ADRIANA   ¿Qué te interesa hacer en el futuro?

JUAN PABLO   Primero que nada, me interesa perfeccionarme como es-cultor y llegar algún día a ser un escultor profesional.

With another student, read the dialogue a few times until you feel comfortable with it. Then try playing each of the two roles without looking at the text. Next, practice giving oral accounts of Juan Pablo's work, interests and life. Use the following model if necessary.

> Juan Pablo *(occupation and nationality)*. Ahora, Juan Pablo trabaja en _____ para _____ . A él le gusta mucho _____ , especialmente _____ , y se dedica a esto desde _____ . Como la escultura no da para vivir, Juan Pablo trabaja _____ . A él le gusta mucho _____ .
> A Juan Pablo también le interesa _____ , especial-mente _____ y le gusta _____ . Los deportes que más le gustan son _____ . Juan Pablo tiene *(age)* y está *(marital status)*. Él vive con _____ , porque _____ .

2. Answer these questions about your own likes, dislikes, and interests. Use phrases like these:

- (No) me gusta la música
- (No) me gustan los deportes
- (No) me gusta jugar al tenis

- (No) me interesa la pintura
- (No) me interesan las artes
- (No) me interesa ir a los museos

a. ¿Te interesa el teatro?
b. ¿Qué tipo de obras te gustan?
c. ¿Qué tipo de películas te gustan?
d. ¿Te interesa la lectura? ¿De qué tipo?
e. ¿Te interesa la música? ¿De qué tipo?
f. ¿Te interesa el ballet? ¿De qué tipo?
g. ¿Te interesan los deportes? ¿De qué tipo?
h. ¿Qué te gusta hacer en tu tiempo libre?

USEFUL EXPRESSIONS

obras clásicas/modernas/ ligeras	*classical/modern/ lighthearted plays*
película de suspenso/de terror/ de dibujos animados/del Oeste *o* de vaqueros/musicales	*thriller/horror movie/ cartoon/western/ musicals*
ballet clásico/moderno	*classical/modern ballet*
deporte acuático/de equipo/ de invierno	*water/team/ winter sport*

3. Read about Margarita Soler, a South American tennis player.

LOS GUSTOS PERSONALES DE MARGARITA SOLER

Pasiones: Aparte del tenis, la música clásica y la novela hispanoamericana.

Autores latinoamericanos favoritos: Gabriel García Márquez, Jorge Luis Borges y Octavio Paz.

Compositores favoritos: Mozart, Vivaldi y Bach.

Pintores favoritos: Los impresionistas y entre los modernos, Picasso.

Ropa: Tejanos con blusas, trajes de chaqueta.

Platos preferidos: El pescado, el pollo y las verduras.

Preguntas

   a. ¿Qué deporte le gusta a Margarita?
   b. ¿Qué tipo de música le interesa?
   c. ¿Qué género literario le gusta?
   d. ¿Cuáles son los autores latinoamericanos que más le gustan?
   e. ¿Qué compositores le gustan más?
   f. ¿Qué pintores le gustan?
   g. ¿Le gusta algún pintor moderno? ¿Quién?
   h. ¿Qué tipo de ropa le gusta llevar?
   i. ¿Cuáles son los platos que más le gustan?

4. On vacation in Spain, you meet a Spaniard. Complete your side of this conversation with your new acquaintance. Note the use of the familiar form of *you.*

ESPAÑOL	¿Es ésta la primera vez que vienes a España?
USTED	(*No, it's the second time you've come to Spain.*)
ESPAÑOL	Así que ya conoces España.
USTED	(*Yes, you know the country well, particularly the South. You like this part of Spain very much.*)
ESPAÑOL	A mí también me gusta mucho. Yo trabajo en Barcelona, pero en mis vacaciones vengo siempre a la Costa del Sol. ¿Te gusta la playa?
USTED	(*Oh, yes, you like it very much. You like swimming and you spend most of the day at the beach. Unfortunately, the beach is always very crowded and you don't like that.*)
ESPAÑOL	Yo conozco una playa que es muy tranquila y que es excelente para nadar. Si quieres, puedes venir conmigo esta tarde en la motocicleta.
USTED	(*Excellent idea! But you have to be back at the hotel before six.*)
ESPAÑOL	En ese caso puedo pasar a buscarte después del almuerzo.
USTED	(*Good. You finish lunch about half past one. You can meet him outside the Hotel Andaluz at two o'clock.*)
ESPAÑOL	Estupendo. Hasta ahora.
USTED	(*See you later.*)

B In Section B you will practice asking and giving opinions.

1. The *Instituto Nacional de Opinión* (National Opinion Institute) carried out a survey among ordinary people in Mexico to find out what they thought about the future of their country. Here are some of their opinions.

   Ana Luisa Ríos, ama de casa, 42 años.
   "Yo soy francamente optimista en cuanto al futuro de mi país. Creo que hay esperanzas de mejora y que nuestro país tiene enormes posibilidades".

   Pablo Retamales, arquitecto, 31 años.
   "A pesar de las dificultades económicas que vivimos en estos momentos, pienso que con el esfuerzo de todos los mexicanos el país puede salir adelante y alcanzar un nivel de vida mejor".

   Josefina Caro, profesora, 55 años.
   "Creo que lo que necesitamos es un cambio radical en nuestras actitudes. Tenemos que trabajar más, ser más responsables, más austeros; de lo contrario, nuestro país no puede progresar".

   Carlos Marín, estudiante, 18 años.
   "Yo miro con optimismo el futuro de México y el futuro del mundo en general. Creo que las dificultades por las que pasamos actualmente no pueden durar mucho más tiempo".

Preguntas

   a. ¿Es pesimista u optimista Ana Luisa Ríos?
   b. ¿Qué opina ella con respecto al futuro de su país?
   c. ¿Es pesimista u optimista Pablo Retamales?
   d. ¿Qué piensa él con respecto al futuro de México?
   e. Según Josefina Caro, ¿qué se necesita?
   f. ¿Qué hay que hacer según ella?
   g. ¿Es pesimista u optimista Carlos Marín?
   h. ¿Qué piensa él con respecto a las dificultades que vive su país?

2. Give your opinion about the subjects below, using phrases such as these:

Creo que es (son). . .	*I think it is (they are). . .*
Pienso que es (son). . .	*I think it is (they are). . .*
Me parece que es (son). . .	*I think that it is (they are). . .*

   a. ¿Qué opinas sobre tu ciudad? ¿Por qué?
   b. ¿Qué te parecen tus estudios? ¿Por qué?
   c. ¿Qué piensas sobre el estudio de los idiomas extranjeros? ¿Por qué?

USEFUL EXPRESSIONS

bonito/feo/agradable/ tranquilo/ruidoso	*pretty/ugly/pleasant/ quiet/noisy*
interesante/fácil/difícil	*interesting/easy/difficult*
demasiados vehículos	*too many vehicles*
demasiadas industrias	*too many industries*
mucha contaminación	*a lot of pollution*
pocas/muchas áreas verdes	*few/many green areas*
una carrera lucrativa	*a profitable career*
buenas perspectivas	*good prospects*
mucha demanda	*great demand*
entender otras culturas	*to understand other cultures*
viajar por el mundo	*to travel around the world*

3. Ask other students the same questions. Then report their answers to the rest of the class. For example:

- "(Mary) cree que su ciudad es (bonita) porque (tiene parques y jardines, edificios modernos y tiendas muy elegantes)."
- "(Sue) piensa que sus estudios son (interesantes) porque (tiene una gran variedad de asignaturas)."
- "A (John) le parece que el estudio de los idiomas extranjeros es (importante) porque (permite conocer la cultura de otros países)."

Unit Summary

1. Talking about what you like and dislike:

   ¿Le (te) gusta la música?
   Sí, me gusta la música clásica.

   ¿Le (te) gustan los deportes?
   No, no me gustan los deportes.

   ¿Qué le (te) gusta hacer en su (tu) tiempo libre?
   Me gusta leer.

2. Talking about your interests:

   ¿Le (te) interesa el cine?
   Sí, me interesa el cine.

   ¿Qué tipo de películas le (te) interesa?
   Me interesan las películas musicales.

   ¿Qué le (te) interesa hacer en el futuro?
   Me interesa llegar a ser un escultor profesional.

3. Asking and giving opinions:

   ¿Qué opinas sobre tu ciudad?
   Creo que es muy bonita.

   ¿Qué piensas sobre el estudio de los idiomas extranjeros?
   Pienso que es importante.

   ¿Qué te parecen tus estudios?
   Me parecen interesantes.

Structure and Vocabulary Review

1.

(No)	me te le	interesa gusta	la música.
	nos os les	interesan gustan	los deportes.

2.

A mí me gusta el cine. ¿Y a usted?
A mí también me gusta.

A mí no me gusta el ballet. ¿Y a ti?
A mí tampoco me gusta.

A Juan Pablo (a él) le gustan los deportes. ¿Y a Margarita?
A Margarita (a ella) también le gustan.

3.

Me Te Le Nos Os Les	interesa gusta	leer. escuchar música. actuar.

4.

¿Qué	piensa(s) opina(s)	sobre la ciudad?

5.

Pienso Creo	que	la ciudad es	(muy) interesante. poco interesante. bonita. aburrida. estimulante.

6.

¿Qué	te le os les	parece(n)?

Me Te Le Nos Os Les	parece	bonita. agradable.
	parecen	importantes. interesantes.

Unidad 11
¿Qué has hecho?

A In this section you will practice talking about actions that have occurred recently and about activities that are taking place while a person is speaking.

Paloma asks her friend Javier about his recent summer vacation.

PALOMA   ¡Hola, Javier! ¿Qué tal? ¡Tanto tiempo sin verte! ¿Dónde has estado?

JAVIER   He salido de vacaciones. Acabo de volver.

PALOMA   ¿Y adónde has ido?

JAVIER   A Santo Domingo.

PALOMA   ¡A Santo Domingo! ¡No me digas! ¿Y cómo lo has pasado?

JAVIER   Estupendamente. Me ha gustado mucho. Es una ciudad muy bonita y tiene unas playas maravillosas.

PALOMA   ¿Cuánto tiempo has estado?

JAVIER   He estado dos semanas. Bueno, ¿y tú qué has hecho? ¿Has salido también?

PALOMA   Pues no, he trabajado todo el verano.

JAVIER   ¡Qué lástima!

1. With another student, practice the conversation above, exchanging roles until you both feel comfortable with it. Then create similar conversations based on the vacation spots advertised on the next page.

USEFUL EXPRESSIONS

he/hemos ido a . . .	*I/we have been to . . .*
he/hemos estado en	*I/we have been in . . .*
país interesante (*m*)	*interesting country*
gente simpática/alegre (*f*)	*nice/lively people*
paisaje (*m*)	*landscape, scenery*
ruinas incaicas (*f*)	*Incan ruins*
museo (*m*)	*museum*

2. Read this letter written by Julia, a girl from Granada, Spain, to her friend Jim.

Granada, 15 de julio de 19___

Querido Jim:

He recibido tu carta en la que me dices que ya has terminado tus exámenes y que has tenido mucho éxito. Te felicito. Te lo mereces, ya que has estudiado mucho.

Yo también he terminado los míos y los he aprobado todos. Estoy feliz. Algunos de ellos, especialmente matemáticas y química, han sido bastante difíciles para mí y he tenido que estudiar muchísimo.

Ahora estoy buscando trabajo. He visto algunos anuncios en el periódico que me han interesado y he escrito ya dos cartas pidiendo mayor información, pero todavía no he recibido respuesta. De momento pienso quedarme en casa descansando hasta encontrar algo interesante y conveniente. La situación aquí está un poco mala con respecto a trabajo. Hay bastante desempleo y no es muy fácil encontrar lo que uno quiere.

Y tú, ¿qué estás haciendo? ¿Estás trabajando? Espero que sí. Escríbeme si tienes tiempo y dales mis recuerdos a tus padres y hermanos.

Abrazos,

Julia

Preguntas

a. ¿Qué dice Julia en la carta que ha escrito a Jim?

b. ¿Ha tenido éxito Julia en sus exámenes?

c. ¿Qué exámenes han sido más difíciles para ella?

d. ¿Está trabajando Julia?

e. ¿Qué ha visto en el periódico?

f. ¿Qué ha hecho para obtener mayor información?

g. ¿Qué piensa hacer de momento?

h. ¿Hay bastante trabajo en España?

3. Imagine that you have been to the movies this evening. Look at this film listing from a Spanish newspaper. Choose a movie. Then answer the questions that follow.

AMERICA MULTICINES Pases: 11,15, 1,15, 3,15, 5,15, 7,15, 9,15 y 11,15 noche. Danny Glover. Silencioso, invisible, ha llegado a la ciudad sólo unos días para matar. *Depredador II.* 18 años.	**MULTICINES ALBENIZ** Alcazabilla, 4. Teléfono 215898. Miércoles, día del espectador, 300 Ptas. Pases: 5, 7, 9 y 11 noche. *Los inmortales 2 (el desafío).* Christopher Lambert, Virginia Madsen, Sean Connery. Mayores 18.
AMERICA MULTICINES Pases: 11, 12,45, 2,30, 4,15, 6, 7,45, 9,30 y 11,15 noche. Producida e interpretada por Mel Brooks. La última comedia . . . hasta hoy. *Qué asco de vida.* Lesley Ann Warren. Para todos los públicos.	**MULTICINES ALBENIZ** Alcazabilla, 4. Teléfono 215898. Miércoles, día del espectador, 300 Ptas. Pases: 5,15, 7,15, 9 y 10,45 noche. *Este chico es un demonio.* Michael Richards, Gilbert Gottfried, Director: Dennis Dugan. Autorizada.
AMERICA MULTICINES Pases: 11, 12,45, 2,30, 4,15, 6, 7,45, 9,30 y 11,15 noche. Sean Young, Matt Dillon. Del creador de «Atracción fatal». *Bésame antes de morir.* 18 años.	**MULTICINES ALBENIZ** Alcazabilla, 4. Teléfono 215898. Miércoles, día del espectador, 300 Ptas. Pases: 4,45, 6,45, 8,45 y 10,45 noche. Director: Richard Franklin. *FX-2 (ilusiones mortales).* Bryan Brown, Brian Dennehy. 13 años.

a. ¿Qué has hecho esta tarde?

b. ¿A qué cine has ido?

c. ¿Qué película has visto?

d. ¿A qué sesión/pase has ido?

4. Answer these questions about yourself.

    a. ¿Has visitado alguna vez un país latinoamericano?
    b. ¿Has vivido alguna vez en un país extranjero?
    c. ¿Has trabajado alguna vez? ¿En qué has trabajado?
    d. ¿Has aprendido ya bastante español?
    e. ¿Has decidido ya qué hacer en tus próximas vacaciones?

Now what questions would you ask to get these answers? Use *alguna vez* or *ya* as in the questions above.

    No, no he visto nunca una película española.
    Sí, he estado en México dos veces.
    No, no he leído nunca un periódico en español.
    Sí, ya he terminado mis exámenes.
    No, todavía no he encontrado trabajo.

5. Read this dialogue between Julia and her friend Cristóbal.

    CRISTÓBAL   ¡Hola! ¿Qué estás haciendo?
    JULIA   Estoy preparando un examen.
    CRISTÓBAL   Y Raúl, ¿qué está haciendo?
    JULIA   Él está escribiendo una carta.

Get together with another student to make up similar dialogues using ideas such as these:

- estudiar español
- leer
- ver televisión
- escuchar música
- ordenar la habitación
- limpiar la casa
- lavar la ropa
- planchar la ropa

B Here you will practice asking and answering questions about future plans.

1. David is talking to his friend Clara.

    DAVID   ¿Qué vas a hacer esta tarde?
    CLARA   Diego y yo vamos a ir al teatro. Y tú, ¿qué vas a hacer?
    DAVID   Voy a ir a la discoteca.

Work with another student to create similar dialogues. Use ideas from the following pictures.

2. Clara and Diego are going to the late show at the *Teatro Barcelona*. Look at the announcement below and then answer the questions, following this model:

¿Qué van a hacer esta tarde?
Vamos a ir al teatro.

- **a.** ¿A qué teatro van a ir?
- **b.** ¿Qué obra van a ver?
- **c.** ¿Quiénes actúan?
- **d.** ¿Cuántas funciones hay?
- **e.** ¿A qué función van a ir ustedes?
- **f.** ¿Hasta cuándo va a estar esta obra en el Teatro Barcelona?

3. Read this letter written by Isabel, a Puerto Rican, to her brother.

San Juan, 20 de mayo de 19__

Querido hermano:

Hace mucho tiempo que no tenemos noticias tuyas. ¿Cuándo vas a escribirnos? Nosotros te recordamos mucho.

Te escribo para darte nuestra nueva dirección. Vamos a mudarnos a un nuevo apartamento, un poco más grande que el que tenemos ahora. Está en la Avenida Las Antillas, Nº 42, apartamento C. Nos vamos allí el día 1 de junio. Es un apartamento muy bonito y estoy segura de que te va a gustar.

Tanto Julio como yo estamos muy contentos de mudarnos. Tú sabes que el lugar donde vivimos ahora es demasiado pequeño para nosotros. Además, vamos a estar mucho más cerca de nuestro trabajo.

Este verano vamos a quedarnos en San Juan. Con la compra del nuevo apartamento no nos va a quedar mucho dinero para salir de vacaciones. ¿Por qué no vienes a vernos?

Si ves a Carmen le dices que voy a escribirle muy pronto. Muchos recuerdos para ti de Julio y los niños. Te abraza tu hermana,

Isabel

Preguntas

a. ¿Para qué le escribe Isabel a su hermano?
b. ¿Dónde está el nuevo apartamento?
c. ¿Cómo es?
d. ¿Cuándo se van a mudar?
e. ¿Por qué están contentos de mudarse?
f. ¿Qué va a hacer Isabel y su familia este verano?
g. ¿Por qué no van a salir de San Juan?
h. ¿A quién le va a escribir Isabel?

4. Here is a page from your diary showing your activities for today. A rather inquisitive Spanish-speaking friend wants to know what you are going to do today. Refer to the notes in the diary and answer his questions.

Saturday 15

10:00 Hairdresser's

12:30 Lunch with Alison

3:00   Swimming pool with Joe and Pat

5:00   Take Paul to airport

8:00   Meet John for dinner at Mayfair's

11:30 Late show at the Lyric with John and Helen

USEFUL EXPRESSIONS

ir a . . .	*to go to*
peluquería (*f*)	*hairdresser's*
mediodía (*m*)	*midday*
llevar	*to take*
aeropuerto (*m*)	*airport*
encontrarse con	*to meet*
sesión de medianoche (*f*)	*late show*

a. ¿Qué vas a hacer el sábado por la mañana?
b. ¿Y al mediodía estás libre?
c. ¿Qué vas a hacer después del almuerzo?
d. Y por la noche, ¿qué planes tienes?

Now make a list of activities for a certain day, as you would in a diary. Then compare lists with another student and ask about each other's plans. Vary your questions, using some of those given below.

USEFUL EXPRESSIONS

¿Qué vas a hacer?	*What are you going to do?*
¿Qué planes tienes?	*What plans have you got?*
¿Qué piensas hacer?	*What are you thinking of doing?*

5. With one or more students, talk about your plans for the weekend. Use phrases like these:

- ¿Qué vas a hacer este fin de semana?
- El sábado por la mañana voy a . . .
- Por la tarde/noche voy a . . .
- El domingo voy a . . .

Unit Summary

1. Talking about actions that have occurred recently:

   ¿Qué has hecho esta tarde?
   He ido al cine.

2. Talking about activities happening right now:

   ¿Qué estás haciendo?
   Estoy preparando un examen.

3. Asking and answering questions about future plans:

   ¿Qué vas a hacer esta tarde?
   Voy a ir al teatro.

Structure and Vocabulary Review

1.

He Has Ha Hemos Han	(-ar) (-er) (-ir)	terminado los exámenes. tenido mucho éxito. recibido la carta.

2.

¿Ha(s)	(ver) (hacer) (escribir)	visto esta película? hecho algo? escrito la carta?

Note that the use of the perfect tense above is not compulsory. Another tense called the preterite (which you will learn in Unit 13) may also be used.

He terminado los exámenes.
Terminé los exámenes.

He recibido la carta.
Recibí la carta.

With words such as *alguna vez, nunca, todavía,* and *ya,* the present perfect tense (not the preterite) is normally used.

¿Has	vivido alguna vez en un país extranjero?
	recibido ya la carta?

No he vivido nunca en un país extranjero.
Todavía no he recibido la carta.

3.

¿Qué está(s)	(-ar) (-er) (-ir)	buscando? haciendo? escribiendo?

4.

Estoy Estás Está Estamos Están	buscando trabajo. leyendo. viendo televisión.

5.

Voy Vas Va Vamos Van	a	almorzar. leer. escribir.

6.

¿Adónde ¿Dónde	va(n)	a	mudarse? quedarse? encontrarse?

Unidad 12
¿Qué harás?

A In Section A of this Unit, you will learn to talk about specific plans, with a special focus on travel.

1. Roberto and Elena are discussing their vacation plans for next summer.

ELENA	¿Qué harás este verano?
ROBERTO	Iré a los Estados Unidos.
ELENA	¿A qué parte irás?
ROBERTO	A San Francisco. Tengo parientes allí.
ELENA	¿Estarás mucho tiempo?
ROBERTO	Tres semanas solamente. Tengo que volver a México antes de fines de agosto.
ELENA	¿Cuándo saldrás de México?
ROBERTO	El 3 de julio y volveré el 21.
ELENA	Te quedarás en casa de tus parientes, ¿no?
ROBERTO	Sí, me quedaré con una tía, una hermana de mi madre.
ELENA	¿Viajarás en avión o en autobús?
ROBERTO	En autobús. Es más barato. Y tú, ¿qué harás en tus vacaciones?
ELENA	Aún no lo sé. Posiblemente iré con mi familia a la playa.

Give information about Roberto's vacation by answering these questions.

    a. *Destino:* ¿A qué país y ciudad irá?
    b. *Duración:* ¿Por cuánto tiempo irá?
    c. *Salida:* ¿Cuándo saldrá de México?
    d. *Vuelta:* ¿Cuándo volverá a México?
    e. *Transporte:* ¿En qué viajará?

2. Now study the following description of the vacation plans of Sr. and Sra. García, who live in Madrid. Then answer the questions that follow.

3 NOCHES LA HABANA/3 NOCHES SANTIAGO/7 NOCHES VARADERO

DIA 1.º: MADRID-LA HABANA. Debes estar en salidas internacionales del aeropuerto de Madrid el día señalado del viaje y presentarte en el mostrador Club Vacaciones dos horas antes de la hora de salida del vuelo. Viajarás en Airbus-310. Escala técnica en Varadero para llegar al aeropuerto de La Habana. Alojamiento.

DIAS 2.º Y 3.º: LA HABANA. Estancia en el hotel elegido con posibilidad de excursiones facultativas.

DIA 4.º: LA HABANA/SANTIAGO DE CUBA. Traslado al aeropuerto y salida en avión hacia Santiago de Cuba. Llegada y alojamiento.

DIAS 5.º Y 6.º SANTIAGO DE CUBA. Estancia en el hotel elegido con posibilidad de excursiones facultativas.

DIA 7.º: SANTIAGO DE CUBA/LA HABANA/VARADERO. Traslado al aeropuerto y salida en avión hacia La Habana. Llegada y continuación en autobús hacia Varadero. Llegada y alojamiento.

DIAS 8.º AL 13.º: VARADERO. Estancia en el hotel elegido con posibilidad de excursiones facultativas.

DIA 14.º: VARADERO/MADRID. Traslado al aeropuerto de Varadero para embarcar hacia Madrid, donde finaliza nuestro servicio.

    a. ¿A qué país irán los García?
    b. ¿En qué viajarán?
    c. ¿Cuántas escalas harán? ¿Dónde?
    d. ¿Qué ciudad visitarán primero?
    e. ¿Cuántos días estarán allí?
    f. ¿Qué ciudad visitarán en segundo lugar?
    g. ¿Cuántos días estarán en Varadero?
    h. ¿Cuántos días pasarán fuera de España?

Now imagine that you're describing your own summer vacation plans. How would you answer these questions?

    a. ¿Qué harás en tus vacaciones?
    b. ¿Cuántos días estarás allí?
    c. ¿Cómo viajarás?
    d. ¿Te quedarás con amigos?

3. Now get together with one or two students to discuss your vacation. Use the guidelines that follow and begin with: *En mis vacaciones iré a. . . .*

Destino: _____

Duración: _____

Salida: _____

Vuelta: _____

Alojamiento: _____

Transporte: _____

Discuss any alternative travel plans for work, studies, and so on.

4. Read the travel itinerary below. Imagine that this is a vacation that you and your family are taking. Tell what you will do by answering the questions that follow.

PROGRAMA DEL VIAJE: IT1AM2E046

Día 1.º (Mié.)	MADRID - MEXICO.—Salida en avión de línea regular, clase turista, de la Compañía Aeroméxico, con destino a México. Llegada, traslado al hotel y alojamiento.
Día 2.º (Jue.)	MEXICO.—Visita de la ciudad y Pirámides, día completo, con almuerzo incluido.
Día 3.º (Vie.)	MEXICO.—Día libre.
Día 4.º (Sáb.)	MEXICO.—Día libre. (Posibilidad de efectuar excursiones facultativas.)
Día 5.º (Dom.)	MEXICO.—Día libre a disposición. Posibilidad de efectuar compras en los diferentes mercados típicos.
Día 6.º (Lun.)	MEXICO - MERIDA.—Por la mañana, traslado al aeropuerto de México para salir con destino a Mérida. Llegada, traslado al hotel y alojamiento.
Día 7.º (Mar.)	MERIDA.—Excursión a Uxmal y Kabah, día completo, con almuerzo incluido.
Día 8.º (Mié.)	MERIDA.—Visita de Chichén Itzá, día completo, con almuerzo incluido.
Día 9.º (Jue.)	MERIDA - MIAMI.—Mañana libre en Mérida. A primera hora de la tarde, traslado al aeropuerto para salir con destino a Miami. Llegada, traslado al hotel y alojamiento.
Día 10.º (Vie.)	MIAMI.—Visita de la ciudad y Seaquárium, medio día.
Día 11.º (Sáb.)	MIAMI.—Mañana libre. A primera hora de la tarde, traslado al puerto y embarque en el buque "Festivale".

a. ¿En qué línea aérea viajarán?
b. ¿Qué visitarán el segundo día?
c. ¿Qué podrán hacer el quinto día?
d. ¿Qué día visitarán Mérida?
e. ¿Saldrán por la mañana o por la tarde?
f. ¿Qué excursiones harán en Mérida?
g. ¿Cuándo irán a Chichén-Itzá?
h. ¿Adónde viajarán desde Mérida?

B This section offers additional practice talking about future plans. You will also learn the language used in making apologies, expressing cause and effect, and expressing purpose.

1. Mario telephones his friend Raúl to invite him to a soccer game.

RAÚL   ¿Bueno?

MARIO   ¿Raúl?

RAÚL   Sí, soy yo.

MARIO   Soy Mario. Te llamo para preguntarte si quieres venir al fútbol conmigo esta tarde. Juega el Mérida con un equipo de Veracruz.

RAÚL   Lo siento mucho, pero no puedo salir porque tendré que ir al aeropuerto a esperar a mi hermano que llega de Chicago.

MARIO   De acuerdo. ¿Tienes algo que hacer este domingo?

RAÚL   No, nada. ¿Por qué?

MARIO   Hay una carrera automovilística. ¿Quieres venir?

RAÚL   ¿A qué hora es?

MARIO   A las once de la mañana.

RAÚL   Perfecto.

MARIO   Pasaré a buscarte a las diez. Hasta el domingo entonces.

RAÚL   Adiós.

Preguntas

a. ¿Por qué llama Mario a Raúl?
b. ¿Qué equipos juegan?
c. ¿Por qué no puede salir Raúl?
d. ¿Qué hay el domingo?
e. ¿A qué hora es la carrera?
f. ¿A qué hora pasará Mario a buscar a Raúl?

Now practice the conversation with another student, exchanging roles, until you both feel comfortable with it. Then, without looking at the text, adapt the conversation, changing names, day and times and using some of the phrases below.

USEFUL EXPRESSIONS

partido de béisbol/baloncesto/tenis (*m*)	*baseball/basketball/tennis game*
estadio (*m*)	*stadium*
jugador (*m*)	*player*
carrera ciclista/de motocicletas	*bicycle/motorcycle races*

2. On your way home from school, you meet an acquaintance you don't like very much. Provide your responses in Spanish.

CONOCIDO   ¡Hola! ¿Qué tal?

USTED   (*Answer his greeting.*)

CONOCIDO   ¡Qué bueno que te veo! ¿Tienes mucha prisa?

USTED   (*Yes, you're in a hurry.*)

CONOCIDO   ¿Tienes algo que hacer el sábado por la noche? Habrá una fiesta en mi casa y me gustaría que vinieras.

USTED   (*Say that you're sorry but on Saturday you can't come. A friend will come for dinner that night.*)

CONOCIDO   ¡Qué lástima! Para otra vez será.

USTED   (*Thank him and say goodbye.*)

CONOCIDO   Adiós.

3. Imagine that you have to excuse yourself for not being able to do something. Finish each of the sentences below with an appropriate excuse.

   a. Siento mucho no poder acompañarte, pero. . . .
   b. Lo siento mucho, pero no podré ir a tu fiesta, porque. . . .
   c. Disculpa, pero me será imposible estar aquí a la hora, pues. . . .
   d. Lamentablemente no podremos aceptar su invitación, ya que. . . .

USEFUL EXPRESSIONS

estar muy ocupado(a)	*to be very busy*
tener mucho que hacer	*to have a lot to do*
tener que trabajar	*to have to work*
no sentirse bien	*not to feel well*
estar enfermo(a)	*to be ill*
tener un compromiso anterior	*to have a previous commitment*

---

4. Get together with another student and imagine that a Spanish friend of yours has just arrived in your town for a week's vacation. You are discussing the arrangements for that week.

Diga qué lugares de su ciudad le enseñará.	monumentos museos parques	playas discotecas restaurantes, etc.
Qué excursiones harán.	al campo a la playa	a la montaña a otras ciudades, etc.
A qué espectáculos asistirán.	al cine al teatro	a conciertos al ballet, etc.

5. Imagine that you have applied for the job described in the following ad and that you have been accepted. Look at the ad, and then answer the questions that follow.

a. ¿Para qué tipo de empresa trabajarás?
b. ¿En qué departamento trabajarás?
c. ¿Qué puesto ocuparás?
d. ¿Tendrás que viajar?
e. ¿Te dará un coche la empresa?
f. ¿Cuánto será el sueldo fijo?

Unit Summary

1. Talking about specific plans:

   ¿Qué harás este verano?
   Iré a los Estados Unidos.

2. Apologizing:

   Lo siento mucho.
   Siento mucho no poder acompañarte.
   Disculpa, pero me será imposible estar aquí a la hora.
   Lamentablemente no podremos aceptar su invitación.

3. Expressing cause and effect:

   No podré ir a la fiesta porque/pues no me siento bien.
   No puedo salir porque/pues tendré que ir al aeropuerto.

4. Expressing purpose:

   Te llamo para preguntarte si quieres venir al fútbol.
   Tendré que ir al aeropuerto a esperar a mi hermano.

Structure and Vocabulary Review

1.

(Yo)	viajaré volveré iré	a los Estados Unidos.

2.

¿Qué	harás hará haréis harán	(tú)? (usted)? (vosotros)? (ustedes)?

3.

(Yo) (Nosotros)	saldré, vendré saldremos, vendremos	el 3 de julio.

(Yo) (Nosotros)	podré, tendré que podremos, tendremos que	hacer compras.

4.

¿A qué parte ¿Cuándo ¿A qué hora ¿Con quién ¿Por cuánto tiempo ¿En qué	irá(s)?

Unidad 13
¿Cuándo naciste?

A In this section you will learn to answer questions and give personal information about yourself and others concerning events in the past.

1. Ramón Álvarez is studying English at a language school in San José, Costa Rica. To become a student, he had to fill out an application form. Below is part of Ramón's application. Read it and answer the questions that follow.

SOLICITUD DE INSCRIPCIÓN

INSTITUTO DE IDIOMAS CERVANTES
Calle Los Laureles, 563
San José, Costa Rica
Tel. 371 43 90

Nombre: _Ramón Álvarez Hernández_

Dirección: _Avda. Las Américas, 67_   Apto. _25_

Ciudad: _San José_

Nacionalidad: _costarricense_

Idioma materno: _castellano_

Fecha de nacimiento: _21 de abril de 1975_

Lugar de nacimiento: _Alajuela_

Ocupación o actividad: _estudiante universitario_

Estudios de enseñanza básica realizados en: _Colegio_
San Ignacio, Alajuela   Fechas _1981–1988_

Estudios de enseñanza media realizados en: _Colegio_
Simón Bolívar, San José   Fechas _1989–1995_

Preguntas

a. ¿De dónde es Ramón?
b. ¿Cuál es su nacionalidad?
c. ¿En qué calle y ciudad vive?
d. ¿Cuál es su idioma materno?
e. ¿En qué fecha nació?
f. ¿Dónde nació?
g. ¿Qué hace Ramón actualmente?
h. ¿Dónde realizó sus estudios de enseñanza básica?
i. ¿Cuándo los hizo?
j. ¿Dónde realizó sus estudios de enseñanza media?
k. ¿Cuándo los hizo?

2. Draw up a similar application form and complete it with information about yourself. Then use some of that information to give a brief talk about yourself. The following questions will serve as a guideline:

a. ¿De dónde eres?
b. ¿Cuál es tu nacionalidad?
c. ¿Cuándo naciste?
d. ¿Dónde naciste?
e. ¿Dónde hiciste tus estudios de enseñanza básica?
f. ¿Dónde hiciste tus estudios de enseñanza media?
g. ¿Qué haces actualmente?
h. ¿Qué idiomas hablas aparte de tu lengua materna?

USEFUL EXPRESSIONS

Nací el (23 de julio).	*I was born on (July 23rd).*
Nací en (Granada).	*I was born in (Granada).*
Hice mis estudios (de enseñanza básica) en un colegio de. . . .	*I did my (elementary education) at a school in. . . .*

---

3. Ask a classmate the questions in **2** (above) and take notes in Spanish on the information given to you. Then use that information to present an oral report to the rest of the class. Here is a model:

"*(Bárbara)* es de California. Es norteamericana. Nació en San Diego el 18 de noviembre de 1969. Hizo sus estudios de enseñanza básica en *(name of school)*, en San Diego. Sus estudios de enseñanza media los hizo en *(name of school)*, en Los Ángeles. Actualmente, Bárbara estudia español y trabaja durante las tardes en una agencia de viajes. Aparte de su lengua materna, el inglés, habla español y un poco de francés".

4. Study this biographical information about the Spanish painter Diego Velázquez.

Diego Velázquez fue un famoso pintor español que nació en Sevilla en el año 1599. En el año 1623 el Rey Felipe IV nombró a Velázquez pintor oficial de la casa real.

Entre las obras de este pintor están *El Aguador de Sevilla* (The Water Seller of Seville), *Cristo en la Casa de Marta y María* (Christ in the House of Martha and Mary), *Las Meninas* (The Maids of Honor) y muchas otras.

Velázquez murió en el año 1660.

Now, following the model above, prepare a brief biographical talk about Francisco Goya, another Spanish painter. Study the information below and use it in your presentation.

Nombre:	Francisco Goya
Lugar de nacimiento:	Fuendetodos (Zaragoza)
Año de nacimiento:	1746
Año 1786:	el Rey Carlos III lo nombra pintor oficial
Algunas de sus obras:	*El Tres de Mayo* (The Third of May), *Los Desastres de la Guerra* (The Disasters of War), *La Vendimia* (The Grape Harvest)
Año de su muerte:	1828, en Burdeos

B Here is more practice asking and giving personal information about events in the past. You will also learn to tell how long you have been in a place and how long you have been doing something.

1. At a party, Susan, a student, meets Enrique, from Colombia.

SUSAN   Hola, ¿qué tal? Soy Susan.

ENRIQUE   Hola. Yo me llamo Enrique.

SUSAN   ¿De dónde eres?

ENRIQUE Soy colombiano, pero ahora vivo aquí con un hermano. Estudio ingeniería en la universidad. ¿Y tú qué haces?

SUSAN Yo estudio español y también trabajo en la biblioteca de la universidad.

ENRIQUE ¡Hablas muy bien el español!

SUSAN Gracias. Viví un año en Costa Rica. Lo aprendí allí. Mi padre trabajó en San José durante un tiempo. Y tú, ¿cuánto tiempo hace que vives aquí?

ENRIQUE Hace dos años.

SUSAN ¿No trabajas?

ENRIQUE De momento no, pero espero hacerlo en el verano. ¿Llevas mucho tiempo trabajando en la biblioteca?

SUSAN No, no mucho. Llevo seis meses solamente.

ENRIQUE ¿Quieres beber algo?

SUSAN Sí, gracias.

ENRIQUE Bueno, espera un momento. Ahora vuelvo.

Now practice the conversation with a classmate, exchanging roles, until you feel comfortable with it. Then take turns answering these questions about yourselves:

   a. ¿Cuánto tiempo hace que vives en esta ciudad?
   b. ¿Cuánto tiempo llevas estudiando aquí?
   c. ¿Cuánto tiempo hace que estudias español?
   d. ¿Trabajas? ¿Dónde?
   e. ¿Cuánto tiempo llevas trabajando en ese lugar?

2. Read this information about David, a student from San Antonio, Texas.

   David vive en San Antonio desde hace diez años y estudia en *(name of school)*. Lleva tres años estudiando en este colegio. Los fines de semana David trabaja como dependiente en una zapatería. Hace seis meses que David trabaja allí.

Now, based on the information given by your classmate in Exercise 1 above, prepare a similar report—making any necessary adaptations—and present it orally to the rest of the class.

3. At a party, you meet a Spanish-speaking person who lives in your neighborhood. Complete your part of the conversation.

   ÉL ¿Hace mucho tiempo que vives en este barrio?

   USTED *(Say you've lived here for four years.)*

ÉL   ¿Hace cuatro años? Pues, yo vivo aquí desde hace un año solamente.

USTED   (*Ask what country he's from.*)

ÉL   Soy del Uruguay. Mi familia es de Punta del Este. Es una ciudad muy bonita que está en la costa. Van muchos turistas allí.

USTED   (*Ask him how long he's lived in this country.*)

ÉL   Llevo dos años y medio aquí. Oye, pero tú hablas muy bien el español. ¿Dónde estudias?

USTED   (*Tell him where you are studying Spanish.*)

ÉL   Tienes mucha habilidad para los idiomas. Para mí los idiomas extranjeros son muy difíciles. ¿Llevas mucho tiempo aprendiendo español?

USTED   (*Tell him how long you've been learning Spanish.*)

ÉL   Mi inglés es bastante malo todavía. Tengo muy mala pronunciación. ¿Puedes ayudarme?

USTED   (*Say yes. Tell him that if he can help you with your Spanish you will help him with his English.*)

ÉL   Magnífico.

Unit Summary

1. Answering questions about yourself in the past:

   ¿Cuándo nació (usted)/naciste (tú)?
   Nací el 21 de abril de 1978.

2. Asking questions and giving information about other people in the past:

   ¿Dónde nació Bárbara?
   Nació en San Diego.

3. Saying how long you have been in a place:

   ¿Cuánto tiempo hace que vives aquí?
   Hace dos años.

4. Saying how long you have been doing something:

   ¿Cuánto tiempo hace que estudias español?
   Hace dos años (que estudio español).
   ¿Cuánto tiempo llevas trabajando allí?
   ¿Llevas mucho tiempo trabajando allí?
   Llevo seis meses (trabajando) allí.

Structure and Vocabulary Review

1.

(Yo)	nací	en Costa Rica.
(Él, Ella, Ud.)	nació	el 21 de abril de 1963.

2.

(Yo)	comencé	mis estudios en 1976.
(Él, Ella, Ud.)	comenzó	a estudiar en 1969.

3.

¿Dónde	hiciste	(tú)	tus	estudios?
	hizo	(él) (ella) (Ud.)	sus	

Los	hice	en Alajuela.
	hizo	

4.

¿Cuánto tiempo hace que vives aquí?
Hace dos años que vivo aquí. Vivo aquí desde hace dos años.

5.

¿Cuánto tiempo llevas (estudiando) aquí? ¿Llevas mucho tiempo (estudiando) aquí?
Llevo un año estudiando aquí. Llevo un año aquí.

Unidad 14
Lo pasamos estupendamente

A In this section you will practice talking about past events.

1. Sr. and Sra. González are Mexican. They have just returned from a vacation in South America and are describing their trip to their friends Francisco and Nora.

FRANCISCO ¿Qué tal el viaje a Sudamérica?

SR. GONZÁLEZ Lo pasamos estupendamente. Nos gustó muchísimo Sudamérica.

NORA ¿Dónde estuvieron?

SRA. GONZÁLEZ Primero estuvimos unos días en Caracas. Nos quedamos en casa de un pariente de mi marido que vive allí desde hace varios años.

FRANCISCO ¿Qué les pareció Caracas?

SR. GONZÁLEZ Es una ciudad muy moderna, interesante, pero demasiado cara. No pudimos comprar nada.

FRANCISCO ¿Fueron a Colombia?

SRA. GONZÁLEZ Sí. Desde Caracas nos fuimos en avión a Bogotá. Allí nos alojamos en el Hotel El Dorado. Es excelente. Si alguna vez van a Bogotá, se lo recomiendo.

NORA ¿Estuvieron muchos días en Colombia?

SR. GONZÁLEZ Estuvimos diez días. Fuimos a Medellín y a Cartagena. Cartagena nos encantó. Es una ciudad colonial y muy bonita, aunque hace demasiado calor.

NORA ¿Y de Colombia adónde fueron?

SRA. GONZÁLEZ Nos fuimos a Lima.

FRANCISCO ¿No visitaron el Ecuador?

SRA. GONZÁLEZ No, en el Ecuador no estuvimos. Volamos directamente a Lima. Nos quedamos tres días allí y luego tomamos un avión para Cuzco.

FRANCISCO Supongo que fueron a Machu Picchu, ¿no?

SR. GONZÁLEZ   Naturalmente. Es un lugar impresionante. Tomamos muchas fotografías.

NORA   El Perú fue el último país que visitaron, ¿verdad?

SR. GONZÁLEZ   Sí, desde allí volvimos a México.

NORA   ¿Cuánto tiempo hace que volvieron?

SR. GONZÁLEZ   Hace ya una semana.

Practice the conversation with another student, exchanging roles, until you feel comfortable with it. Then answer the questions below.

Preguntas

   a. ¿Les gustó Sudamérica a los González?
   b. ¿Dónde estuvieron primero?
   c. ¿Con quién se quedaron en Caracas?
   d. ¿Por qué no compraron nada?
   e. ¿Qué país y ciudad visitaron después de Venezuela?
   f. ¿En qué hotel se alojaron?
   g. ¿Cuántos días estuvieron en Colombia?
   h. ¿Qué otras ciudades visitaron?
   i. ¿Qué les pareció Cartagena?
   j. ¿Adónde fueron después de Colombia?
   k. ¿Cuántos días pasaron en Lima?
   l. ¿Qué hicieron en Machu Picchu?
   m. ¿Cuándo volvieron a México?

2. Imagine that *you* went on the trip described above. You are describing your vacation to friends. Answer their questions. The conversation might go like this:

PREGUNTA   ¿Qué tal el viaje a Sudamérica?

RESPUESTA   Lo pasé estupendamente. Me gustó muchísimo Sudamérica.

PREGUNTA   ¿Dónde estuviste?

RESPUESTA   Primero estuve unos días en Caracas. Me quedé en casa de un pariente que vive allí desde hace varios años.

Now answer the rest of these questions.

   a. ¿Qué te pareció Caracas?
   b. ¿Fuiste a Colombia?
   c. ¿Estuviste muchos días en Colombia?
   d. ¿Y de Colombia adónde fuiste?
   e. ¿No visitaste el Ecuador?
   f. Supongo que fuiste a Machu Picchu, ¿no?
   g. El Perú fue el último país que visitaste, ¿verdad?
   h. ¿Cuánto tiempo hace que volviste?

3. From Torremolinos, near Malaga, in southern Spain, you have taken the excursion advertised below. On your return, you talk to a Spanish-speaking friend about your vacation. Answer her questions.

ANDALUCIA-TOLEDO-MADRID I (7 días)

	LUN	MAR	MIE	JUE	VIE	SAB	DOM
TODO EL AÑO	MON	TUE	WED	THU	FRI	SAT	SUN
ALL YEAR ROUND							

Día 1.º Domingo. **MALAGA/-TORREMOLINOS.**—Salida por **Loja** hacia **Granada.** Almuerzo y alojamiento. Visita de la ciudad (Alhambra y Generalife).
Día 2.º Lunes. **GRANADA.**—Desayuno y salida hacia **Toledo.** Almuerzo y visita de la ciudad. Continuación del viaje hasta **Madrid.** Alojamiento.
Día 3.º Martes. **MADRID.**—Alojamiento y desayuno. Por la mañana visita artística.

Día 4.º Miércoles. **MADRID.**—Alojamiento y desayuno. Día libre.
Día 5.º Jueves. **MADRID.**—Desayuno y salida hacia **Córdoba.** Almuerzo y visita a la ciudad. Continuación a **Sevilla.** Cena y alojamiento.
Día 6.º Viernes. **SEVILLA.**—Media pensión. Visita de la ciudad.
Día 7.º Sábado. **SEVILLA.**—Desayuno. **Málaga** o **Torremolinos.** Llegada. FIN DEL VIAJE.

a. ¿Cuántos días duró la excursión?
b. ¿Qué día saliste de aquí?
c. ¿Qué ciudades visitaste?
d. ¿Cuánto tiempo estuviste en Granada?
e. ¿Qué lugares visitaste en Granada?
f. ¿Fuiste a Toledo?
g. ¿Cuántos días estuviste en Madrid?
h. ¿Adónde viajaste después de Madrid?
i. ¿Cuánto tiempo te quedaste en Sevilla?
j. ¿Qué día regresaste?

4. A Spanish-speaking person is visiting your town. He speaks no English and has asked you to serve as an interpreter during his stay. Your first task is to interpret for him and for a hotel clerk. So translate the clerk's

words aloud into Spanish and the Spanish visitor's words into English, as if you were an actual interpreter.

RECEPCIONISTA	(*Can I help you?*)
VIAJERO	Sí, tengo una habitación reservada.
RECEPCIONISTA	(*What's your name, please?*)
VIAJERO	Pedro Alcántara.
RECEPCIONISTA	(*Just a minute, please. I'll check with the person in charge.*)
VIAJERO	Sí, cómo no.
RECEPCIONISTA	(*I'm sorry, but there isn't any reservation in your name. When did you make it?*)
VIAJERO	Un amigo mío que vive en esta ciudad hizo la reserva la semana pasada.
RECEPCIONISTA	(*Did he phone or did he come personally?*)
VIAJERO	Tengo entendido que llamó por teléfono.
RECEPCIONISTA	(*Do you know what day that was?*)
VIAJERO	Creo que llamó el miércoles por la mañana.
RECEPCIONISTA	(*If you wait a minute, I'll see what I can do.*)

B Section B offers further practice talking about past events. You will also learn how to claim and describe lost property, as well as to describe the weather and a process in the past.

1. While on vacation in a Spanish-speaking country, Pamela, a tourist, forgets her sweater in a restaurant. The following day she returns to the restaurant to claim it. She talks to one of the waiters.

PAMELA	Buenos días.
MESERO	Buenos días, señorita. ¿En qué puedo servirla?
PAMELA	Pues, ayer por la noche cené aquí con unos amigos y olvidé un suéter. Es un suéter de manga larga, de color verde.
MESERO	Un momentito, por favor. Le preguntaré al encargado. Ahorita vuelvo.
PAMELA	Gracias. (*The waiter leaves, then returns with a sweater.*)
MESERO	¿Es éste?
PAMELA	Sí, sí, es ése.
MESERO	Pues, tiene usted suerte. El mesero que la atendió lo encontró y se lo entregó al encargado.
PAMELA	Muchas gracias. Es usted muy amable.
MESERO	De nada, señorita.

Note that the words *mesero/a*, waiter/waitress, and *ahorita*, right now, are not used in Spain, where the words *camarero/a* and *ahora* are used instead.

Practice the dialogue above with a classmate, exchanging roles until you feel comfortable with it. Then create similar conversations using the expressions below.

USEFUL EXPRESSIONS

Time:

anoche	*last night*
ayer por la tarde	*yesterday afternoon*
a la hora de la comida	*at lunch time*

Lost property:

una chaqueta	*jacket*
unas gafas	*sunglasses*
un bolso	*bag, purse*

Description:

de cuero	*leather (adj.)*
de color negro	*black*
de montura dorada	*gold frame (adj.)*

2. Your vacation has ended and you will soon be traveling to Spain on business. You will visit several major cities, so you need to know what the weather has been like in each. Here is a map showing weather conditions for last weekend. Study the expressions below and then answer the questions that follow by looking at the weather map.

USEFUL EXPRESSIONS

hacer sol	*to be sunny*
estar nuboso	*to be cloudy*
haber neblina	*to be misty*
llover	*to rain*

---

a. ¿Cómo estuvo el tiempo en Madrid?
b. ¿Llovió en La Coruña?
c. ¿Cómo estuvo el tiempo en Valencia?
d. ¿Hubo neblina en Sevilla?
e. ¿Qué tal el tiempo en el este de España?
f. En general, ¿hizo buen o mal tiempo en España?

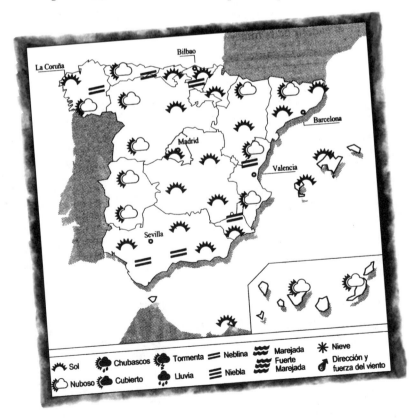

3. How would you describe the weather in your city or region yesterday?

    a. ¿Hizo buen o mal tiempo?

    b. ¿Hizo frío o calor?

    c. ¿Estuvo nublado o despejado?

    d. ¿Llovió o nevó?

    e. ¿Qué temperatura hizo aproximadamente?

4. On a journey in the AVE, the high-speed train that links Madrid with Seville, in Andalusia, you have a chance to read a Spanish newspaper. One of the news items catches your attention. Read it through and then check your comprehension by answering the questions below.

LEVE BAJA EN EL TURISMO ESPAÑOL

Cincuenta y dos millones de turistas visitaron España entre enero y diciembre del último año, casi dos millones y medio menos que en igual período del año anterior. Esta baja se debió principalmente a la disminución del turismo británico—casi un millón de ellos eligió otro destino para sus vacaciones—y al turismo estadounidense y canadiense, que también bajó notoriamente.

Con casi 11 millones de visitantes, Francia fue el país de origen que aportó mayor cantidad de turistas, aunque su número también bajó, tal como sucedió con holandeses y belgas. Frente a esta disminución, se observó un crecimiento del turismo procedente de Alemania, Japón e Italia, principalmente de los segundos, cuyo aumento alcanzó al 12 por ciento.

Preguntas

    a. ¿Cuántos turistas entraron en España entre enero y diciembre último?

    b. ¿Cuál fue la causa principal de la baja en el turismo español?

    c. ¿Cuántos británicos menos visitaron este año España?

    d. ¿Cuál fue el principal país de origen de los turistas?

    e. ¿Cuántos franceses entraron en España?

    f. ¿Bajó o subió el número de franceses? ¿Y el número de holandeses y belgas?

    g. ¿Qué pasó con el turismo alemán, japonés e italiano?

Now read the text again a few times, and then present an oral summary of the news item to the rest of the class. The questions above will serve as a guide.

5. A friend from Southern Spain invited you for a meal and gave you a delicious *gazpacho andaluz*. You asked him how he prepared it and he described the procedure:

"Bueno, todo lo que usé fue ¾ kilo de tomates, medio pimiento verde, un diente de ajo, dos cucharadas de vinagre, un poco de aceite, 100 gramos de pan del día anterior, un litro de agua y sal.

Primero puse la miga de pan en remojo, luego la metí en la licuadora con el tomate en trozos, el pimiento y la sal. Después añadí el aceite, el vinagre y el agua fría. Batí todo hasta hacer una crema. En seguida pasé todo por el cedazo y por último lo metí en la nevera a enfriar".

Now you are the host(ess). Here is your recipe for *spaguetti a la florentina*. First of all, read the recipe to refresh your memory.

Ingredientes: 300 gramos de espaguetis, 4 lonchas de tocino, una cebolla, un diente de ajo, 4 tomates maduros, 5 cucharadas de aceite, pimienta, sal, albahaca.

Modo de hacerlo: Poner el aceite en una sartén. Dorar la cebolla y el ajo muy picados. Dorar el tocino cortado en trocitos. Añadir los tomates en trozos y dos ramitas de albahaca, pimienta y sal. Dejar cocer a fuego lento unos 15 minutos. Cocer los espaguetis con abundante agua con sal. Escurrir los espaguetis y mezclarlos con la salsa.

Now, describe to your friends how you prepared this dish, using the first example as a guide:

"Primero puse el aceite en una sartén, luego . . ."

Unit Summary

1. Talking about past events:

   ¿Dónde estuvieron?
   Primero estuvimos unos días en Caracas.
   El mesero lo encontró y se lo entregó al encargado.

2. Claiming and describing lost property:

   Olvidé un suéter.
   Es un suéter de manga larga, de color verde.

3. Describing the weather in the present and at some point in the past:

   Hace/hizo sol.
   Hace/hizo frío/calor.
   Hace/hizo buen/mal tiempo.
   Hay/hubo neblina.
   Está/estuvo nuboso.
   Está/estuvo despejado.
   Llueve o está lloviendo/llovió.
   Nieva o está nevando/nevó.

4. Describing a process in the past:

   Primero puse la miga de pan en remojo, luego la metí en la
   licuadora. . . .

Structure and Vocabulary Review

1.

(Yo)	estuve	en Sudamérica. en Caracas.
(Él, Ella, Ud.)	estuvo	
(Nosotros)	estuvimos	

2.

Me gustó Le gustó Nos gustó	mucho Sudamérica. la ciudad de Cartagena.

3.

(Yo)	me quedé	tres días allí. con un pariente.
(Él, Ella, Ud.)	se quedó	
(Nosotros)	nos quedamos	

4.

¿Cuánto tiempo hace que volvieron?
Hace una semana que volvimos. Volvimos hace una semana.

Unidad 15
¿Qué hacía usted?

A In Section A of this Unit, you will practice describing repeated or habitual actions in the past.

1. Like many other young Chilean families, Oscar Morales, his wife and children have just moved from Santiago, the capital city of about five million people, to a small village on the outskirts. Mónica, a journalist, interviews Oscar and asks him what made him leave the city.

MÓNICA   Oscar, hasta hace unos meses tú vivías y trabajabas en Santiago. Ahora vives a muchos kilómetros de la ciudad, y tienes que viajar por lo menos una hora para llegar a tu trabajo. ¿Por qué dejaste Santiago?

OSCAR   Mira, la razón principal es que mi mujer y yo buscábamos una vida más tranquila, menos estresante, con más espacio y mejor calidad de vida. Santiago nos resultaba agobiante.

MÓNICA   ¿En qué sentido?

OSCAR   Bueno, en primer lugar estaba el problema de la contaminación. Queríamos respirar un aire más puro, menos contaminado. Por otra parte, y a pesar de que yo vivía cerca del trabajo, pasaba largas horas en el coche y llegaba a casa muy cansado por la noche.

MÓNICA   Pero, ¿no echas de menos la vida de la ciudad? ¿Los cines, teatros, restaurantes?

OSCAR   La verdad es que no. Mi mujer y yo no salíamos mucho el fin de semana. Generalmente nos quedábamos en casa. Los chicos sí, ellos tenían una vida social mucho más activa.

MÓNICA   ¿No fue difícil la adaptación aquí?

OSCAR   En realidad, no. Teníamos unos amigos cerca de aquí y conocíamos bien el lugar. Encontramos esta casa que nos gustó desde el primer momento. Ahora tenemos mucho más espacio, un gran jardín, y el campo a sólo minutos de nuestra casa. En Santiago vivíamos en una casa mucho más pequeña por la que pagábamos mucho más. Mi mujer está muy contenta aquí, y los chicos ya se han adaptado.

MÓNICA   ¿Fue una decisión acertada entonces?

OSCAR   Absolutamente.

Preguntas

a. ¿Dónde vivían Oscar y su familia antes?
b. ¿Dónde viven ahora?
c. ¿Por qué dejaron Santiago?
d. ¿Qué problemas tenían allí?
e. ¿Por qué no echa de menos la vida de la ciudad?
f. ¿Por qué fue fácil la adaptación al nuevo lugar?

Now read the dialogue with a classmate, exchanging roles, until you feel comfortable with it. Then imagine that you are telling some friends about Oscar's decision to leave Santiago with his family. Use the questions above as a guide to prepare an oral report for the rest of the class. Begin like this: "Hasta hace unos meses, Oscar vivía y trabajaba en Santiago. . . ."

USEFUL EXPRESSIONS

según Oscar/él . . .	*according to Oscar/him . . .*
él dice que . . .	*he says that . . .*
él piensa que . . .	*he thinks that . . .*
a él le parece que . . .	*he thinks that . . .*

---

2. Emilio Ramos was born in Tegucigalpa, the capital of Honduras, but he now lives with his parents in the United States. Read this passage to find out what Emilio used to do in Tegucigalpa.

"Yo vivía en Tegucigalpa, en la calle Maya, 186 y estudiaba en el Instituto Panamericano. Por la mañana tenía clases de 9.00 a 12.00. Por la tarde empezaba a las 2.00 y terminaba a las 5.00. Después de las clases, normalmente hacía los deberes, salía con amigos o miraba televisión. Los fines de semana hacía deportes o iba al cine".

Now look at the following information about Anita, a girl from Guatemala City. Then tell the rest of the class what Anita used to do. Start by saying:

"Anita vivía en Ciudad de Guatemala. . . ."

Nombre	Anita Vergara
Ciudad	Ciudad de Guatemala
Dirección	Avenida Central, 37
Colegio	Colegio El Pastor
Horario de estudios	8.30–12.30 y 2.30–5.30
Actividades	Después de las clases: hacer los deberes, ayudar en casa, escuchar música
	Fines de semana: salir de compras, visitar a alguna amiga, leer

3. Imagine that you have just graduated and are now spending a year in a Spanish-speaking country. You meet someone who would like to know about your life in your country. Answer these questions:

- ¿Dónde vivías?
- ¿Vivías con tus padres?
- ¿Dónde estudiabas?
- ¿Qué estudiabas?
- ¿Qué horario de clases tenías?
- ¿Te gustaba el colegio?
- ¿Qué asignaturas te gustaban más?
- ¿Qué hacías en tu tiempo libre?
- ¿Qué hacías en tus vacaciones?
- ¿Tenías muchos amigos?
- ¿No trabajabas?

4. Get together with one or two students and ask the questions above. Then report the answers to the class, describing what your partner(s) used to do. You might begin your report like this:

"(Isabel) vivía en Houston con sus padres. Estudiaba en. . . ."

B In this section you will learn to describe places and people in the past.

1. In 1940, Pedro Riquelme, a Mexican, lived in a small town called Roble Quemado. This is how Sr. Riquelme describes the town as he remembers it.

> "El pueblo donde yo vivía se llamaba Roble Quemado. En el año 1940 el pueblo tenía unos tres mil habitantes. La mayoría de la gente se dedicaba a la artesanía. Mi padre era carpintero.
>
> Para ir de Roble Quemado a la capital se tardaba ocho horas. Había un tren cada día.
>
> Mi casa estaba enfrente de la estación. Era una casa pequeña. Tenía dos dormitorios, un salón-comedor, el baño y la cocina. Detrás de la casa había un jardín con muchas flores."

Preguntas

    a. ¿Dónde vivía Pedro Riquelme en 1940?
    b. ¿Cuántos habitantes tenía el pueblo?
    c. ¿A qué se dedicaba la mayoría de la gente?
    d. ¿En qué trabajaba el padre del Sr. Riquelme?
    e. ¿Cuántas horas se tardaba de Roble Quemado a la capital?
    f. ¿Cuántos trenes había cada día?
    g. ¿Dónde estaba la casa de Pedro Riquelme?
    h. ¿Cómo era la casa?
    i. ¿Cuántas habitaciones tenía?
    j. ¿Qué había detrás de la casa?

2. Silvia Martínez, a Colombian, describes the place where she used to live. Describe her town and house using the information below and on page 137.

El Pueblo

Nombre	Nogales
Año	1946
Habitantes	4.500
Actividad principal	la agricultura
Actividad del padre	labrador
Nogales a Bogotá	6 horas (2 autobuses diarios)

La Casa

Situación ___al lado del Correo___

Descripción ___grande y cómoda___

Habitaciones ___4 dormitorios, sala, comedor, baño y cocina___

Detrás de la casa ___patio con árboles frutales___

Delante de la casa ___jardín con plantas y flores___

3. Susan Kendall and her husband John talk to their friend Pablo about their recent vacation to the Caribbean. Susan describes the area and the hotel where they stayed.

PABLO   ¿Qué tal las vacaciones?

SUSAN   Estupendas. Lo pasamos muy bien. El lugar adonde fuimos era maravilloso. Tenía unas playas muy bonitas y el hotel era excelente. Nos encantó el lugar.

PABLO   ¿Estaba cerca de la playa?

SUSAN   Estaba enfrente de la playa. Era un hotel de cinco estrellas, con piscina, discoteca, dos bares y un gran restaurante.

PABLO   Y la habitación, ¿qué tal?

SUSAN   Era muy cómoda y tenía vista al mar.

PABLO   ¿Tenía aire acondicionado?

SUSAN   Sí, sí, por supuesto.

PABLO   ¿Y la comida era buena?

SUSAN   La comida en el hotel era regular, pero había varios restaurantes a un paso del hotel.

PABLO   ¿Y los precios?

JOHN   Baratos. Eran bastante baratos. Tienes que ir allí algún día. Te lo recomiendo. Estoy seguro de que te va a gustar.

Practice the conversation with another student, exchanging roles, until you feel comfortable with it. Then create similar dialogues using some of the expressions on the next page and others of your own.

USEFUL EXPRESSIONS

¡fantásticas!	*fantastic!*
precioso	*beautiful, gorgeous*
(bastante) bueno	*(quite) good*
No estaba nada mal.	*It wasn't bad at all.*
más o menos	*so-so*
boutique (f)	*boutique*
peluquería (f)	*hairdresser's*
sauna (f)	*sauna*

Now, describe to your partner a vacation you went on, giving an accurate description of the area, including the hotel or apartment where you stayed, the facilities available in the town and hotel or apartment, and any other details you may remember.

4. Study this description of a person.

"Tenía 24 años, era moreno, tenía los ojos verdes y era más bien alto. Era bastante guapo, muy simpático y tenía un excelente sentido del humor."

Use some of the words below to describe a person you used to know.

Era	moreno(a).
	rubio(a).
	pelirrojo(a).
	canoso(a).

Era	alto(a).
	bajo(a).
	gordo(a).
	delgado(a).

Era	guapo(a).
	feo(a).
	simpático(a).
	antipático(a).

Era	divertido(a).
	aburrido(a).
	inteligente.
	interesante.

Tenía los ojos	verdes.
	azules.
	negros.
	marrones.

Unit Summary

1. Describing repeated or habitual actions in the past:

   Pasaba largas horas en el coche.
   No salíamos mucho los fines de semana.

2. Describing places in the past:

   ¿Cuántos habitantes tenía el pueblo in 1940?
   Roble Quemado tenía unos tres mil habitantes.
   El lugar era maravilloso.
   Estaba cerca de la playa.

3. Describing people in the past:

   Tenía 24 años, era moreno, tenía los ojos verdes. . . .

Structure and Vocabulary Review

1.

Yo Él Ella	trabajaba vivía	en Santiago. cerca del trabajo.
Ud.	conocía	el lugar.

2. Ir

Iba	al cine. al colegio. de compras.

3. Ser

El hotel El lugar	era	excelente. maravilloso.
Las playas Las habitaciones	eran	bonitas. buenas.

4.

Él (Ella)	era	moreno(a). alto(a). guapo(a).

Unidad 16
¿Dónde quedamos?

A Here you will practice asking and answering questions about your recent activities and those of others. You will also learn to ask for people on the phone and to make arrangements to meet someone.

1. Antonio phones his friend Marta. Marta's brother Mario answers the phone.

MARIO	¿Dígame?
ANTONIO	¿Podría hablar con Marta, por favor?
MARIO	¿De parte de quién?
ANTONIO	Soy Antonio.
MARIO	Un momento, veré si ha llegado.
MARTA	¿Antonio?
ANTONIO	Sí. Hola, Marta.
MARTA	Hola, ¿qué tal?
ANTONIO	Bien, gracias. Te he llamado dos o tres veces hoy. ¿Dónde has estado?
MARTA	He salido con Isabel.
ANTONIO	¿Y qué habéis hecho?
MARTA	Pues, hemos ido de compras a Galerías Alcalá, luego hemos comido en *El Mesón del Ángel,* y después hemos ido al cine.
ANTONIO	¿Qué habéis visto?
MARTA	*Belle Epoque.* Isabel no la había visto.
ANTONIO	Yo la he visto dos veces. Es estupenda, ¿verdad?
MARTA	Sí, sí, a Isabel le ha gustado mucho.
ANTONIO	Oye, ¿tienes algo que hacer mañana por la noche?
MARTA	No, nada. ¿Por qué?
ANTONIO	Es que hay una fiesta en casa de Paco. ¿Quieres venir?

MARTA   Sí, me encantaría. ¿Dónde quedamos?

ANTONIO   Pues, puedo pasar a recogerte en el coche a eso de las nueve y media. ¿Te parece bien?

MARTA   Sí, vale. A las nueve y media está bien.

ANTONIO   Hasta mañana, entonces.

MARTA   Hasta mañana.

2. Join two other students and make up similar conversations using expressions from the dialogue and from the list below.

USEFUL EXPRESSIONS

llevar el coche al garaje	*to take the car to the garage*
salir de paseo	*to go for a walk (drive)*
ir a la piscina/playa	*to go to the pool/beach*
tomar un café/unas tapas	*to have a coffee/some snacks*
comer en una cafetería	*to eat in a cafeteria*
hacer algunas compras	*to go shopping*

---

3. Imagine that you have had a very active weekend. You have been to a party; you have gone to the movies; and you have gone shopping, among other things. Tell the class about these activities. The following questions will serve as a guide.

- ¿Cuándo has ido a una fiesta?
- ¿Dónde ha sido la fiesta?
- ¿Te has divertido mucho?
- ¿Has conocido gente allí?
- ¿A qué hora has vuelto a casa?
- ¿Cuándo has ido al cine?
- ¿A qué cine has ido?
- ¿Qué película has visto?
- ¿Te ha gustado? ¿Por qué?
- ¿Cuándo has ido de compras?
- ¿Adónde has ido?
- ¿Con quién has ido?
- ¿Qué has comprado?
- ¿Has gastado mucho dinero?

You may also mention other things that you have done.

4. Read this letter sent by Cristián García, from Puerto Rico, to a pen pal.

San Juan, 15 de septiembre de 19__

Querida Patricia:

He recibido tu carta y me alegro mucho de que estés bien.

Mis vacaciones ya han terminado y hoy hemos comenzado nuevamente las clases. En la mañana ha habido una asamblea de todo el colegio, tanto alumnos como profesores, y he conocido a algunos de mis nuevos compañeros de clase. Todos parecen muy simpáticos. Nos hemos divertido mucho hablando de nuestras vacaciones.

Por la tarde hemos tenido clases de historia, de inglés y de educación física. Tenemos algunas asignaturas optativas y me he matriculado en un curso de computación. He pensado que puede serme útil en el futuro cuando quiera encontrar trabajo.

¿Y tú, qué tal? ¿Qué has hecho este verano? ¿Has comenzado ya tus clases?

Les he dado tus saludos a mis padres y ellos te envían muchos recuerdos. Escríbeme y cuéntame sobre tus vacaciones y tus nuevos compañeros.

Abrazos,

Cristián

Preguntas

    a. ¿Ha tenido clases por la mañana Cristián?
    b. ¿Qué ha habido en el colegio?
    c. ¿Quiénes han asistido a la asamblea?

d. ¿De qué han hablado Cristián y sus compañeros?
e. ¿Qué clases ha tenido por la tarde?
f. ¿En qué curso se ha matriculado?
g. ¿Por qué se ha matriculado en este curso?

5. Pilar Echeverría has just returned home to Santo Domingo after spending a year on an exchange program in an English-speaking country. Here is part of a report Pilar had to write on her return home. Read it to find out what she thought of her experience abroad.

> "He pasado un año fuera de Santo Domingo. Pienso que ha sido una experiencia muy interesante ya que me ha permitido conocer mucha gente diferente y hacerme de muy buenos amigos.
>
> Aunque he echado de menos a mis padres y hermanos, creo que ha sido bueno para mí vivir durante algún tiempo lejos de ellos. La familia con que yo estaba no era tan estricta como mis padres y, en general, tenía más libertad para relacionarme con otros chicos y chicas, salir a fiestas y viajar a otros lugares.
>
> Naturalmente he echado de menos algunas cosas de mi país. Lo más difícil ha sido acostumbrarme a las comidas y a los horarios. En casa acostumbramos a comer y cenar mucho más tarde. Allí la cena no era tan tarde como aquí.
>
> También he echado de menos el sol y el calor. Allí hacía demasiado frío en invierno y llovía mucho más".

Tell the rest of the class about Pilar's experience abroad. Begin your story by following the narrative below.

> "Pilar ha pasado un año fuera de Santo Domingo. Ella piensa que ha sido una experiencia muy interesante ya que. . . ."

6. Imagine that you have just returned home after a year with a family in a Spanish-speaking country. Tell your friends about your experience abroad. On the next page, there are some things you may have liked about your stay or may have missed from home.

In your presentation, you may use phrases like these:

- Pienso que ha sido interesante (poco interesante) vivir en el extranjero porque . . .
- Lo que más me ha gustado ha sido . . . porque . . .
- Lo que más he echado de menos ha sido . . . porque . . .
- Lo más difícil (fácil) ha sido . . .

B Here you will learn to talk about recent trends and make comparisons. You will also practice asking and giving opinions.

1. After you read the interview on the next page with María Inés Rojas, leader of a Spanish feminist organization, answer the questions that follow.

MARÍA INÉS ROJAS

PERIODISTA
¿Por qué se ha interesado Ud. por el problema de la mujer en la sociedad?

MARÍA INÉS ROJAS
Me he dado cuenta de que nuestra sociedad ha sido y continúa siendo injusta con respecto a la mujer. Creo que todos tenemos la responsabilidad de cambiar esta situación.

PERIODISTA
¿Por qué ha considerado necesario formar parte de una organización feminista?

MARÍA INÉS ROJAS
Porque estimo que es la mejor manera de hacernos oír. No podemos esperar a que los hombres hagan los cambios a que aspiramos, ya que ellos por ser hombres no pueden sentir nuestros problemas.

PERIODISTA
¿Cree Ud. que las actitudes de la sociedad española hacia la mujer han cambiado?

MARÍA INÉS ROJAS
Pienso que se ha avanzado mucho en este aspecto, pero todavía queda mucho por hacer. A pesar de los cambios políticos que nuestro país ha vivido en los últimos años, la prensa, la radio y la televisión han hecho muy poco por cambiar la imagen que se tiene de la mujer. Tanto los medios de comunicación como los libros de texto siguen condicionando a la mujer a cumplir su papel tradicional de·ama de casa.

Preguntas

a. Como feminista, ¿qué piensa María Inés Rojas con respecto a la sociedad?
b. Según ella, ¿de quién es la responsabilidad de cambiar la situación actual?
c. ¿Por qué pertenece a una organización feminista?
d. Según ella, ¿por qué no se puede esperar a que los hombres hagan los cambios?
e. ¿Qué piensa ella con respecto a las actitudes de la sociedad española hacia la mujer?
f. ¿Por qué culpa ella a la prensa, la radio y la televisión?
g. Según ella, ¿qué hacen los medios de comunicación y los libros de texto?

2. Exchange views with a classmate on the role of women in your country. Consider the following questions:

   a. ¿Crees que las actitudes de la sociedad en tu país hacia la mujer han cambiado en los últimos veinte o treinta años? ¿En qué forma? Explica y da ejemplos.
   b. En el hogar, y con respecto a las labores domésticas, ¿crees que existe igualdad entre hombres y mujeres en tu país? Explica y da ejemplos.

USEFUL EXPRESSIONS

cuidar a los niños	*to look after the children*
hacer la limpieza	*to do the cleaning*
cocinar	*to cook*
lavar/fregar los platos	*to wash the dishes*
trabajar fuera de casa	*to work outside the home*
mantener a la familia	*to support the family*
el machismo	*male chauvinism/sexism*
ser machista	*to be a male chauvinist/sexist*

---

3. Read this interview with a South American politician.

PERIODISTA   En términos generales, ¿cree Ud. que este año ha sido mejor o peor para su país?

POLÍTICO   Creo que ha sido mejor, pues nuestro país se ha afirmado políticamente, ha habido mayor estabilidad que en el pasado.

PERIODISTA   ¿Y en el aspecto económico?

POLÍTICO   Bueno, en lo económico estimo que la situación no ha sido tan favorable, ya que ha aumentado el desempleo, se han cerrado más industrias y ha habido un aumento de huelgas y conflictos laborales. Como aspecto positivo hay que mencionar que la inflación ha bajado y continúa bajando.

PERIODISTA   ¿Cree Ud. que la situación económica mejorará o empeorará en el curso de este año?

POLÍTICO   Creo que hemos llegado al fin de la crisis y que en el futuro la situación económica mejorará.

Preguntas

a. ¿Por qué cree el político que el último año ha sido mejor para su país?

b. ¿Qué piensa con respecto a la situación económica?

c. ¿Por qué no ha sido favorable?

d. ¿Qué ha pasado con respecto a la inflación?

e. ¿Cree el político que la crisis económica continuará?

4. Exchange views with another student on the following:

a. ¿Crees que este año ha sido mejor o peor para tu país que el año anterior? ¿Por qué?

b. En tu opinión, ¿el próximo año será mejor o peor para tu país? ¿En qué aspectos será mejor/peor?

c. Y para ti, ¿cómo ha sido este año?

d. ¿Cómo crees que será el próximo año para ti?

USEFUL EXPRESSIONS

la delincuencia	*crime*
la violencia	*violence*
la crisis económica	*economic crisis (recession/depression)*
ganar más/menos dinero	*to earn more/less money*
hay más/menos desempleo	*there is more/less unemployment*
hay más/menos pobreza	*there is more/less poverty*

Unit Summary

1. Asking and answering questions about recent activities:

   ¿Dónde has estado?   He salido con Isabel.

   ¿Qué habéis hecho?   Hemos ido de compras.

2. Asking for someone on the phone:

   —¿Dígame?

   —¿Podría hablar con Marta, por favor?

   —¿De parte de quién?

   —Soy Antonio.

3. Making arrangements to meet someone:

   —¿Dónde quedamos?

   —Puedo pasar a recogerte en el coche. ¿Te parece bien?

   —Sí, vale.

4. Talking about recent trends and expressing opinions:

   ¿Cree usted que las actitudes de la sociedad española hacia la mujer han cambiado?
   Pienso que se ha avanzado mucho en este aspecto.

5. Making comparisons:

   ¿Cree usted que este año ha sido mejor o peor para su país?
   Creo que ha sido mejor.

Structure and Vocabulary Review

1.

(Yo)	he	pasado un año fuera de aquí.
(Él, Ella, Ud.)	ha	llegado.
(Nosotros/as)	hemos	comido en el Mesón del Ángel.

2.

¿A qué hora	has	(*volver*) vuelto?
¿Qué	habéis	(*hacer*) hecho? (*ver*) visto?

3.

Me Te Le	ha gustado	la comida. la gente. el tiempo.

4.

Ha habido	más menos mayor menor	estabilidad.

5.

La situación	ha sido	buena. mala. mejor. peor.

6.

La familia era	más menos	estricta que mis padres.

7.

La cena La familia	(no) era	tan tarde tan estricta	como aquí. como mis padres.

Unidad 17
Deje una luz encendida

A In this section you will practice making suggestions and giving instructions.

1. Carlos, a student, is going on vacation and is giving some instructions to his roommate Antonio.

CARLOS   ¿Antonio?

ANTONIO   Sí, dime.

CARLOS   Mira, yo me voy dentro de quince minutos. Por favor, no te olvides de lo que te he pedido. Envía todas mis cartas a casa de mis padres. Aquí está la dirección. Yo estaré allí hasta finales de mes. Y si me llama algún amigo, dale el teléfono de mis padres. Aquí tienes el número. Pero no des mi número a nadie de la oficina. No quiero oír hablar de trabajo en estas vacaciones.

ANTONIO   De acuerdo. No te preocupes.

CARLOS   Si llama Laura, dile que he dejado su libro contigo, que puede venir a buscarlo. Y no te olvides de pagar la factura del teléfono.

ANTONIO   Tú, tranquilo, no te preocupes.

Can you make a list of all the instructions given by Carlos to his roommate without quoting his exact words? Follow this example.

"Por favor, llama por teléfono a Laura."
Llamar por teléfono a Laura.

---

2. Before you go away on vacation, you decide to ask a friend to look after your house. Make sense of the following instructions by matching each verb in Column A with the appropriate phrase in Column B.

Column A	Column B
Enciende	a quienes me llamen que vuelvo el 15.
Recoge	las plantas.
Da de comer	una luz por la noche.
Saca a pasear	todo limpio cuando yo vuelva.
Riega	al gato.
Di	mis cartas.
Ten	al perro.

3. With another student, create a conversation similar to that in Exercise 1, using some of the expressions below.

USEFUL EXPRESSIONS

avisar si ocurre algo	*inform if anything happens*
devolver libro a la biblioteca	*return book to the library*
no abrir puerta a desconocidos	*don't open door to strangers*
no poner radio muy fuerte	*don't turn radio on too loud*
no dejar puerta abierta	*don't leave door open*

4. Are you going on vacation soon? Read these suggestions for packing.

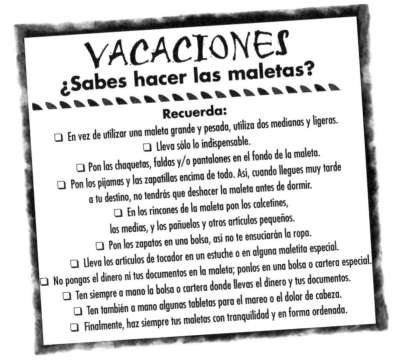

VACACIONES
¿Sabes hacer las maletas?

Recuerda:

- ☐ En vez de utilizar una maleta grande y pesada, utiliza dos medianas y ligeras.
- ☐ Lleva sólo lo indispensable.
- ☐ Pon las chaquetas, faldas y/o pantalones en el fondo de la maleta.
- ☐ Pon los pijamas y las zapatillas encima de todo. Así, cuando llegues muy tarde a tu destino, no tendrás que deshacer la maleta antes de dormir.
- ☐ En los rincones de la maleta pon los calcetines, las medias, y los pañuelos y otros artículos pequeños.
- ☐ Pon los zapatos en una bolsa, así no te ensuciarán la ropa.
- ☐ Lleva los artículos de tocador en un estuche o en alguna maletita especial.
- ☐ No pongas el dinero ni tus documentos en la maleta; ponlos en una bolsa o cartera especial.
- ☐ Ten siempre a mano la bolsa o cartera donde llevas el dinero y tus documentos.
- ☐ Ten también a mano algunas tabletas para el mareo o el dolor de cabeza.
- ☐ Finalmente, haz siempre tus maletas con tranquilidad y en forma ordenada.

You are going on vacation with a Spanish-speaking friend. Your friend is not a very practical person and he needs help with the packing. Look at the suggestions on the preceding page to answer his questions. Follow these models for your answers:

Preguntas

¿Dónde pongo los pantalones?
¿Pongo el dinero en la maleta?

Respuestas

Ponlos en el fondo de la maleta.
No lo pongas en la maleta; ponlo en una cartera especial.

    a. ¿Dónde pongo las chaquetas?
    b. ¿Dónde pongo los pijamas?
    c. ¿Pongo las zapatillas debajo de todo?
    d. ¿Dónde pongo los calcetines y los pañuelos?
    e. ¿Dónde llevo los artículos de tocador?
    f. ¿Pongo los documentos en la maleta?

5. Look at these alternative ways of making suggestions.

CÓMO PROTEGERSE DE LOS LADRONES

- Por la noche mantenga una luz o farol encendido fuera de la casa.
- Deje una luz encendida dentro de la casa cuando salga por la noche.
- No ponga cosas de valor cerca de las ventanas.
- Tenga a mano el número de teléfono del cuartel de policía más cercano.

- Por la noche mantener una luz o farol encendido fuera de la casa.
- Dejar una luz encendida dentro de la casa al salir por la noche.
- No poner cosas de valor cerca de las ventanas.
- Tener a mano el número de teléfono del cuartel de policía más cercano.

Now change the suggestions below into the alternative form.

    a. Tratar de mantener siempre un aspecto de casa habitada.

    b. No dejar nunca una llave de la casa escondida cerca de la puerta principal.

    c. Tener la puerta siempre bien cerrada aun cuando esté en casa.

    d. No abrir la puerta del apartamento hasta saber quién llama.

    e. Ser discreto al hablar de planes de viaje.

    f. Dejar una llave con un vecino para casos de emergencia.

    g. Pedir a algún vecino que cuide la casa.

    h. Pedir a algún vecino o amigo que recoja las cartas.

B In Section B you will practice making requests and offers.

1. A tourist staying in a hotel telephones the receptionist to request something.

Recepcionista	¡Dígame!
Turista	Buenos días. ¿Me envía el desayuno a la habitación, por favor?
Recepcionista	¿De qué habitación llama usted, señor?
Turista	De la 425.
Recepcionista	Muy bien, señor. Se lo enviaré ahora mismo.
Turista	¡Oiga! Por favor, ¿me manda un periódico también? ¿Y puede prepararme la factura? Me voy a las diez.
Recepcionista	De acuerdo, señor. ¿Quiere que le llame un taxi para esa hora?
Turista	No, no hace falta, gracias.

Can you identify the phrases used in the dialogue to make requests? Can you think of other things or services you might request of a hotel receptionist? How would you express these in Spanish?

2. You are staying at a hotel in a Spanish-speaking country. You phone the reception desk to request something for you and your traveling companion to eat and to drink. There is also something which needs repair in your room, so ask them to send someone.

USEFUL EXPRESSIONS

un técnico	*a repairman*
un fontanero (*Sp.*)/plomero (*L.Am.*)	*plumber*
el aire acondicionado	*air conditioning*
el televisor	*the TV set*
el grifo (*Sp.*)/la llave (*L.Am.*) del agua caliente	*hot water tap/faucet*
no funciona	*it doesn't work*

---

3. In a book she was reading, Violeta Robles found a card from the publishers. She decided it was best to telephone to request information about their new publications. Read the dialogue that follows.

Amable lector:

Esta tarjeta que Vd. ha encontrado en su libro, le da derecho a recibir información completa y detallada sobre:

☑ Literatura española e hispanoameri-
cana
❏ Novela extranjera
❏ Ensayo y crítica

❏ Historia
❏ Política
❏ Filosofía, Psicología, Pedagogía
❏ Sociología, Antropología

❏ Derecho
❏ Economía
❏ Economía de la Empresa y Seguros

❏ Geografía
❏ Ciencias y Técnica

☑ Y también a recibir información periódica de *Novedades.*

SOLICÍTELAS

ESTARÁN SIEMPRE A SU DISPOSICIÓN

Gracias

SECRETARIA	¡Dígame!
VIOLETA	Buenos días. Quiero que me envíe información sobre sus nuevas publicaciones, por favor.
SECRETARIA	¿Qué tipo de información le interesa a Ud.?
VIOLETA	Quiero que me mande una lista de sus nuevos libros de literatura española e hispanoamericana.
SECRETARIA	Sí, cómo no. ¿Quiere que le mandemos también infor- mación periódica de *Novedades?*
VIOLETA	Sí, por favor.
SECRETARIA	¿Y a qué nombre se la envío?
VIOLETA	A nombre de Violeta Robles.
SECRETARIA	¿A qué dirección?
VIOLETA	Calle Matorral, 321, apartamento 12, Valencia.
SECRETARIA	Muy bien, hoy mismo le enviaré nuestro catálogo más reciente.
VIOLETA	Gracias. Adiós.
SECRETARIA	Adiós.

Imagine that you are requesting similar information on another subject. With a classmate, make up a conversation following the model above.

4. Read this hotel information and the accompanying letter.

en Cabo San Lucas los mejores HOTELES

HOTEL CABO SAN LUCAS: 125 habitaciones. - Domicilio conocido. - Aire acondicionado. - Servicio de *valet*. - Room service. - Teléfonos. - Cafetería. - Restaurante. - Bar. - Centro Nocturno. - Salón para banquetes y convenciones para 200 personas. - Estacionamiento. - Peluquería. - Salón de belleza. - Tiendas. - Alberca. - Golf. - Tenis. - Caballos, cacería, pesca, playa, tiro de disco. - Villas privadas en la playa, de lujo con 3, 4 y 6 recámaras, estancia con chimenea. - Pista para avionetas.

Dallas, 5 de julio de 19___

Hotel Cabo San Lucas
Avenida Costanera, 89
Cabo San Lucas
México

Muy señor mío:

Les ruego que me reserven una habitación doble, por dos semanas, a partir del 15 de agosto próximo. Les agradeceré que me confirmen la reserva a la brevedad posible.

Les saluda muy atentamente,

Robert Smith

You're going with your family on vacation to a Spanish-speaking country. Write a letter making a hotel reservation.

USEFUL EXPRESSIONS

una habitación con baño	*a room with bath*
con terraza	*with a balcony*
con vista al mar	*with a sea view*

Unit Summary

1. Making suggestions:

   Mantenga una luz o farol encendido fuera de la casa.

   No ponga cosas de valor cerca de las ventanas.

   Pon los zapatos en una bolsa.

2. Giving instructions:

   Recoge mis cartas.

   Riega las plantas.

3. Making requests:

   ¿Me envía el desayuno a la habitación, por favor?
   ¿Me manda un periódico también?

   ¿Puede enviarme el desayuno?
   ¿Puede prepararme la factura?

   Quiero que me envíe información sobre sus publicaciones.
   Quiero que me mande una lista de sus nuevos libros.

4. Making offers:

   ¿Quiere que le mandemos información?

   ¿Quiere que le llame un taxi?

Structure and Vocabulary Review

1.

(-ar)	Deje (Ud.)	una luz encendida.
(-er)	Recoja (Ud.)	las cartas.
(-ir)	Escriba (Ud.)	su nombre.

2.

Present Tense	Command Form (*Ud.*)
mantengo	Mantenga una luz encendida.
tengo	Tenga a mano el número de teléfono.
pido	Pida el favor a su vecino.
pongo	No ponga cosas de valor cerca de la ventana.

3.

(-ar)	Lleva (tú)	lo indispensable.
(-er)	Enciende (tú)	una luz.
(-ir)	Escribe (tú)	tu nombre.

4.

No lleves (tú)	mucha ropa.
No enciendas (tú)	la luz.
No escribas (tú)	tu nombre.

5.

Infinitive	Irregular Command Form (*tú*)
poner	Pon* las chaquetas en el fondo.
tener	Ten a mano algunas tabletas.
hacer	Haz tus maletas con tranquilidad.
decir	Di a quienes me llamen que vuelvo el 15.

6.

Quiero que	me	envíe	información.
¿Quiere que	le	llame	un taxi?

Note: The negative *tú* command forms for these verbs are: *no pongas, no tengas, no hagas,* and *no digas.*

Unidad 18
¿Podría recomendarme un hotel?

A In Section A of this Unit, you will practice specifying requirements, making recommendations and offering suggestions.

1. Nicolás and his wife Elena are trying to find a hotel room in Madrid. They go into a tourist office to get information.

EMPLEADA	Buenos días. ¿Qué desea?
NICOLÁS	Buenos días. Acabamos de llegar a Madrid y necesitamos un lugar en donde quedarnos. ¿Podría recomendarnos un hotel?
EMPLEADA	Pues, ¿qué tipo de hotel buscan ustedes?
NICOLÁS	De preferencia uno que no sea demasiado caro y, si es posible, que esté cerca del Museo del Prado.
EMPLEADA	Un momento, por favor . . . Cerca del Prado hay varios, pero son un poco caros. Pues, mire, aquí hay uno que está muy bien de precio, el hotel San Cristóbal. Está en la Calle de Cervantes, muy cerca del Prado. Es un buen hotel. Se lo recomiendo.
NICOLÁS	¿Cuánto vale una habitación doble?
EMPLEADA	Seis mil pesetas. Es bastante razonable.
NICOLÁS	Estupendo. ¿Y cómo podemos ir hasta allí?
EMPLEADA	Les sugiero que cojan un taxi. No les saldrá muy caro.
NICOLÁS	De acuerdo. ¿Y usted podría hacernos una reserva?
EMPLEADA	Sí, por supuesto. ¿Para cuántas noches?
NICOLÁS	Para tres noches.
EMPLEADA	Muy bien. Un momento, por favor.

Can you identify the expressions used in the dialogue to say the following?

a. Llegamos a Madrid hace muy poco tiempo.
b. preferentemente
c. No les costará mucho.

2. You and a traveling companion are going to spend a few days in Ibiza, Spain, and are looking for an inexpensive hotel with a swimming pool and air conditioning, near the beach. Together with a classmate, use the information in the advertisement below to create a dialogue similar to the one in Exercise 1 on the previous page.

> **HOTEL SOLIMAR**
> ***
>
> Restaurante, bar, piscina,
> aire acondicionado
> A sólo 50 m de la playa
> Habitación doble: 5000 ptas.
> por noche
> Paseo Marítimo, 24
> San Antonio, Ibiza

3. While on vacation in Mexico, you decide to rent an apartment (*un departamento*, in Mexico). Study this model conversation.

EMPLEADO Buenas tardes. ¿Qué desea?

CLIENTE Quisiera alquilar un departamento.

EMPLEADO ¿Qué tipo de departamento busca Ud.?

CLIENTE   Pues, quiero un departamento que tenga un dormitorio, que esté bastante cerca del centro y que no sea muy caro.

EMPLEADO   Un momentito, por favor. Veré si tenemos alguno.

Now get together with another student to adapt the dialogue above. Vary your requirements using information from this advertisement.

PISOS DE ALQUILER

VILASAR DE MAR. Amueblado, 85 m², 3 hab., baño, exterior, recién pintado. Complejo deportivo y piscina. 60.000. Ref. 3486 Tel. 351 12 18

ARAGO-PASEO. GRACIA. Sin muebles. 205 m², salón, cocina, 6 hab., terraza, 2 baños. 225.000. Ref. 3608. Tel 452 63 84

B This section offers further practice specifying requirements, this time with regard to people.

1. Look at this advertisement and the accompanying question and response.

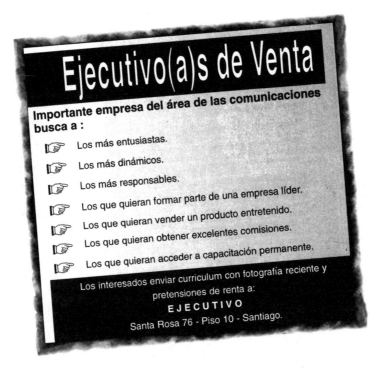

PREGUNTA   ¿Qué tipo de personas le gustaría contratar a la empresa?

RESPUESTA   A la empresa le gustaría contratar a ejecutivos o ejecutivas que sean entusiastas, que sean dinámicos, que sean responsables, que quieran formar parte de una empresa líder, que quieran vender un producto entretenido, que quieran obtener excelentes comisiones y que quieran acceder a capacitación permanente.

Now get together with another student. Using the advertisement below and on page 166, create conversations like the one above.

Gerente Comercial

Moderna Empresa Vitivinícola requiere Gerente Comercial.
Requisitos:
1- Hombre no mayor de 40 años.
2- Ingeniero Comercial o equivalente.
3- Manejo de PC a nivel de usuario.
4- Experiencia de al menos 3 años en la promoción y venta de productos de consumo masivo.
5- Dominio del idioma inglés.
6- Gran capacidad de comunicación, organización, planificación e integración al trabajo en equipo.

Se ofrece:
• Remuneración de acuerdo a sus antecedentes profesionales.
• Integración a una empresa de avanzada tecnología.
• Amplias posibilidades de desarrollo profesional.
• Sede del cargo en Santiago.

Interesados enviar currículum con foto reciente a:
Gerente Líder 7655, Casilla 13 D. Santiago.

2. Read this letter written by a Puerto Rican student looking for a pen pal.

San Juan, 4 de junio de 19___

Robert Smith
42 Washington Ave.
Apt. B
Dallas, Texas 75226 E. U.

Estimados señores:

Mi nombre es Ángela Toledo, soy puertorriqueña, tengo 16 años y estudio en un colegio de San Juan.

Me gustaría mantener correspondencia con un estudiante norteamericano. Preferiría que fuese una persona de mi edad y que estuviese interesado en practicar el español.

Les rogaría que me pusiesen en contacto con alguna persona interesada.

Les saluda muy atentamente,

Ángela Toledo

Now imagine that *you* are looking for a pen pal. Write a letter giving as much information as possible about yourself. Then tell what sort of person you would like to meet.

3. Read this passage in which Ana Flores talks to a Spanish magazine about her ideal partner.

Ana Flores
Periodista

A mí me gustan los hombres inteligentes y bondadosos. Me parece que un hombre inteligente y malvado es absolutamente invivible, y uno bueno y tonto, también. No soy nada exigente en cuanto al vestir; prefiero que no estén excesivamente preocupados por su aspecto. Me encantan los hombres que tienen ojos expresivos y que muestran una mirada inteligente y curiosa, de esas que establecen diálogo. Por lo demás, me gusta que tengan unas manos viriles y sensibles, como las tenía mi padre; que sepan usar la ironía y el humor. En definitiva, a mí los que me gustan son los intelectuales, porque lo importante de la relación con el hombre, para mí, es el diálogo.

Now answer these questions about the article.

    a. ¿Qué tipo de hombres le gustan a Ana?
    b. ¿Qué piensa con respecto al vestir?
    c. ¿Qué tipo de ojos le gustan?
    d. ¿Qué tipo de manos le gustan?
    e. ¿Por qué prefiere los intelectuales?

4. Describe your ideal partner. Study this list and check the answers you agree with.

¿Cuál sería tu compañero o compañera ideal?

Me gustaría una persona . . .

❏ que fuese inteligente
❏ que fuese atractiva
❏ que fuese imaginativa
❏ que fuese trabajadora
❏ que fuese deportista
❏ que tuviese una buena educación
❏ que tuviese una profesión
❏ que tuviese mucho dinero
❏ que supiese varios idiomas
❏ que viajase mucho
❏ que estuviese siempre conmigo

Now add other positive characteristics that are not listed above.

Unit Summary

1. Expressing conditions and specifying requirements:

   a. Places

   Busco un hotel que esté cerca de la playa, que tenga piscina y que no sea demasiado caro.

   Necesito un apartamento que tenga un dormitorio y que esté bastante cerca del centro.

   b. People

   La empresa busca una persona que tenga entre 30 y 40 años, que tenga experiencia y que domine el inglés.

   Preferiría que fuese una persona de mi edad.

2. Recommending and suggesting something:

   Es un buen hotel. Se lo recomiendo.

   Les sugiero que cojan un taxi.

Structure and Vocabulary Review

1.	Quiero Necesito Prefiero	un apartamento	que	sea grande. tenga dos dormitorios. esté en el centro.

2.	Preferiría Me gustaría	una persona	que	fuera* inteligente. tuviera dinero. supiera idiomas.

Note: You may use the alternate forms: *fuese, tuviese,* and *supiese.*

3.	Le	recomiendo sugiero	que	alquile coja	ese apartamento. un taxi.

Spanish-English Vocabulary

In this alphabetically ordered vocabulary, most cognates and other words that can be easily recognized in their meaning have been omitted. The gender of nouns is indicated by *m* (masculine) or *f* (feminine); *pl* means plural.

A

abierto open
abrazar to embrace
abrazo *(m)* embrace; warm greeting
  (*in letters*)
aburrido boring
acabar de to have just
acceder to have access
aceituna *(f)* olive
acertado right
acompañar to accompany
acordar to agree
acostarse to go to bed
acostumbrar to be in the habit of
acostumbrarse to get used to
actitud *(f)* attitude
actriz *(f)* actress
acuerdo *(m)* agreement
  de acuerdo right!
además besides
administración *(f)* administration
  administración de empresas business administration
adonde where
advertencia *(f)* warning
agente *(m)* agent
agobiante tiresome
agotarse to become sold out
agricultor *(m)* farmer
agua *(f)* water
  agua mineral mineral water
aguacate *(m)* avocado
ahorita right now (*Latin Am.*)
aire *(m)* air
aire acondicionado air-conditioned

albahaca *(f)* basil (spice)
alberca *(f)* swimming pool (*Mexico*)
alcanzar to reach
alegrarse to be glad
alfombra *(f)* carpet
algo something
  ¿algo más? anything else?
alguien somebody
algodón cotton
alguno something; some
almorzar to have lunch
alojamiento *(m)* accommodations, lodgings
alojar to lodge, to house, to accommodate
alquiler *(m)* rent
alrededor around
altitud *(f)* altitude
alto tall
alumno *(m)* student
alzarse to rise
ama de casa *(f)* homemaker
amable: es usted muy _____ that's very kind of you
ambos both
ampliación *(f)* enlargement, expansion
amplio broad
  amplias posibilidades *(f)* strong possibilities
amueblado furnished
ángulo *(m)* angle; corner
antecedentes *(m pl)* background
anterior previous
antes before
antipático unpleasant (*for people*)

antropología (f) anthropology
anual yearly
anuncio (m) announcement; advertisement
añadir to add
año (m) year
aparcamiento (m) parking lot
aparcar to park
apartado de Correos (m) P.O. box number
apartamento (m) apartment
aparte separate
apellido (m) last name, family name
aportar to contribute
apreciable considerable, appreciable
aprender to learn
aprovechar to take advantage of
árbol (m) tree
  árbol frutal fruit tree
argentino Argentine
arquitecto (m) architect
arquitectura (f) architecture
arreglar(se) to freshen up; to tidy up
arroz (m) rice
artesanía (f) craftsmanship; handicraft
artículo (m) article
  artículo de tocador toilet article, toiletry
  artículo electrodoméstico electrical appliance
asamblea (f) meeting
ascensor (m) elevator
aseo (m) toilet
asesoramiento (m) advice
así thus, like this
asiático Asian
asignatura (f) subject (school)
aspirar to aspire, to aim at
atender to serve
atún (m) tuna fish
aumentar to increase
aún even
aun still, yet
aunque although, though
austero austere
autocar (m) long-distance bus (Spain)
autor (m) author
avería (f) breakdown (mechanical)

avicultor (m) chicken farmer
avioneta (f) light aircraft
avisar to inform; to warn
ayer yesterday
ayudar to help
azúcar (m) sugar
azul blue

B

bailar to dance
baja (f) decrease
bajar to go down
bajo short; low
balneario (m) resort
baloncesto (m) basketball
banco (m) bank
baño (m) bathroom
barato cheap
barco (m) boat
barra de pan (f) loaf of bread
barrio (m) neighborhood; area
bastante enough; sufficient; quite
  bastante bien quite well
batir to beat, whisk
beber to drink
beca (f) scholarship
belga Belgian
bello beautiful
biblioteca (f) library
billete (m) currency note; ticket (Spain)
blusa (f) blouse
bocadillo (m) sandwich (Spain)
bodega (f) warehouse (South America); wine cellar (Spain)
boleto (m) ticket (South America)
bolsa (f) bag
bondadoso kind
bonito pretty; nice
boquerón (m) anchovy
botella (f) bottle
brevedad (a la ___ posible) as soon as possible
bucear to dive; to swim under water
buscar to look for; to fetch
buzón (m) mailbox

C

caballo (m) horse

cabello *(m)* hair
cacería *(f)* hunting
cada each
café *(m)* coffee; café
  café con leche coffee with cream
  café solo black coffee
caja *(f)* cash register
calamar frito *(m)* fried squid
calcetines *(m pl)* socks
calefacción *(f)* heating
calidad *(f)* quality
calle *(f)* street
calor *(m)* heat; warmth
  hace calor it is hot
caluroso hot; warm
camarero *(m)* waiter
cambiar to change; to exchange
cambio *(m)* change; exchange
  casa de cambio (money) exchange
  bureau
camisa *(f)* shirt
campo *(m)* countryside; area
canadiense Canadian
candidatura *(f)* application
cano gray (hair)
  canoso gray-haired
cansado tired
cantidad *(f)* quantity; amount
capacidad *(f)* capacity, ability
  capacidad organizativa ability to
  organize
capacitación *(f)* training
cargo *(m)* job; post
carnet de conducir *(m)* driver's license
carnet de identidad *(m)* identity card
caro expensive
carpintero *(m)* carpenter
carrera *(f)* career; race; course of
  study, "major" (in a university)
  carrera automovilística car race
carretera *(f)* highway
carta *(f)* letter; menu
  carta certificada registered letter
casado married
casa real royal house
casarse to get married
cascarrabias quick-tempered person
casi almost

castaño (**hair**) chestnut color
cebolla *(f)* onion
cedazo *(m)* sieve
cena *(f)* dinner; supper
cenar to have dinner
centígrado *(m)* centigrade
central *(f)* telephone office; switchboard
céntrico central
cerca near
cerdo *(m)* pork
cerrado closed
cerrar to close
certificado registered (letter)
cerveza *(f)* beer
césped *(m)* grass, lawn
chaqueta *(f)* jacket
cheque *(m)* check
  cheque de viaje traveler's check
chica *(f)* girl
chico *(m)* boy; small
chicos *(m pl)* children
chimenea *(f)* fireplace
chorizo *(m)* sausage
chubasco *(m)* shower
chuleta *(f)* chop
  chuleta de cerdo pork chop
  chuleta de cordero lamb chop
  chuleta de ternera veal chop
ciencia *(f)* science
  ciencias políticas political science
ciudad *(f)* city, town
clima *(m)* climate, weather
club deportivo *(m)* sports club
cobrar to charge; to earn
coche *(m)* car
cocido *(m)* stew (in Spain; of meat,
  bacon, chickpeas, etc.)
cocina americana *(f)* open-plan
  kitchen
código *(m)* code
  código penal penal code
  código postal zip code
colaborar to collaborate; to help
colega *(m & f)* colleague
colegio *(m)* school
colgar to hang up
color *(m)* color

combinar   to match, to go with (clothes)
comedor *(m)*   dining room
comenzar   to begin
comer   to eat; to have lunch
comerciante *(m)*   businessman; store-keeper
comida *(f)*   food; lunch *(Spain)*; dinner *(South America)*
como   how; as
cómodo   comfortable
cómo no   certainly
compañero de clase *(m)*   classmate
compañía *(f)*   company, firm
competencia *(f)*   competition
complejo deportivo *(m)*   sports complex, exercise room
compositor *(m)*   composer
comprar   to buy
comprobar   to check
computación *(f)*   computers
comunicar   to get through (telephone)
con   with
concertar   to make (appointment)
concesionario *(m)*   dealer (cars, etc.) shopkeeper licensed to sell a certain item (wine, etc.)
conducir   to drive
conductor *(m)*   driver
conmigo   with me
conocer   to know; to meet for the first time
conseguir   to obtain; to get; to manage
consejo *(m)*   advice
constituir   to constitute
consultor *(m)*   adviser, consultant
contabilidad *(f)*   accounting
contaminación *(f)*   pollution
contar   to tell; to count
contestar   to answer
contrario   contrary
  de lo contrario   otherwise
contratar   to hire; to contract
convenir   to agree; to be convenient
copa *(f)*   drink
corbata *(f)*   tie
cordero *(m)*   lamb

corona sueca *(f)*   Swedish krona (unit of money)
correos *(m)*   post office
corto   short
cosa *(f)*   thing
costar   to cost
crecimiento *(m)*   growth
creer   to think; to believe
crema *(f)*   cream
crítica *(f)*   criticism
cuadra *(f)*   block *(Latin Am.)*
cuadrado   square
cualquier   any
cuánto(s)   how much (many)?
  ¿cuánto tiempo?   how long?
  en cuanto a   with regard to
cuartel de policía *(m)*   police station
cuarto *(m)*   room; quarter
  cuarto de baño   bathroom
cubierto   covered; overcast
cucharada *(f)*   spoonful
cucharadita *(f)*   a teaspoonful
cuenta *(f)*   bill, check (restaurant)
  cuenta corriente   checking account
cuidar   to look after; to take care of
culpar   to blame
cumplir   to carry out
cuyo   whose

D

dañar   to damage; to hurt
dar   to give
  dar a la calle/al jardín   to face the street/garden
  dar para vivir   to provide a living
darse cuenta   to realize
dato *(m)*   information
  datos personales   personal information
deberes *(m pl)*   homework; tasks
deberse   to be due to
decilitro *(m)*   deciliter
decir   to say, to tell
  ¡no me digas!   really?
dedicar (tiempo)   to devote (time)
dedicarse a   to devote oneself to; to do (job)
definitivo   definitive
  en definitiva   definitely

dejar to leave
delante in front
delgado thin
delito (*m*) crime
demás other, others
  por lo demás as to the rest; other-wise; moreover
demasiado too; too much
deme give me
demora (*f*) delay
dentro inside, within
denunciar to denounce
departamento (*m*) apartment (*Chile, Argentina, Mexico*)
dependencia (de servicio) (*f*) room (for servants)
deporte (*m*) sport
deportivo sport (*adjective*)
depositar to deposit
derecha (*f*) right
  a la derecha on the right; to the right
Derecho (*m*) the Law
desarrollo (*m*) development
desayunar to have breakfast
desayuno (*m*) breakfast
descansar to rest
descolgar to pick up (telephone)
desear to wish, to want
desempleo (*m*) unemployment
desgraciadamente unfortunately
deshacer to undo; to unpack
designar to designate; to appoint
despejado: estar _____ to be clear
desperfecto (*m*) damage, fault
destinatario (*m*) addressee
destino (*m*) destination
detrás behind
devolver to return, to give back
di I gave (from *dar*); say (familiar imperative of *decir*)
diente de ajo (*m*) clove of garlic
dígame tell me
¿dígame? hello (telephone); can I help you? (store)
dinero (*m*) money
dirección (*f*) address; direction
director de cuentas (*m*) account manager

discar to dial (*Argentina*)
disculpar to excuse
discutir to discuss; to argue
discreto discreet
diseñadora (*f*) designer
disminución (*f*) decrease
disponer de to have
disponibilidad (*f*) availability
distancia (*f*) distance
distribuidor (*m*) distributor, dealer, agent
distrito postal (*m*) zip code
divertirse to enjoy oneself
doblar to turn; to bend
docena (*f*) dozen
dolor de cabeza (*m*) headache
donde where
dorar to brown (cooking)
dormir to sleep
dormitorio (*m*) bedroom
ducharse to take a shower
durar to last

E

echar de menos to miss (a person or place)
edificio (*m*) building
elegido of your choice
elegir to choose
elevador (*m*) elevator (*Mexico*)
elevarse to rise
embarcar to board
empeorar to get worse
empezar to begin, to start
empresa (*f*) company, firm
  empresa de seguros (*f*) insurance company
  empresa editorial (*f*) publishing company
encargado (*m*) person in charge, manager
encender to light
encima above, on top
encontrar to find
encontrarse to meet
enfermera (*f*) nurse
enfermo ill
enfrente opposite
enfriar to cool

ensalada (*f*)   salad
  ensalada mixta   mixed salad
en seguida   immediately, right away; then
enseñanza (*f*)   education; teaching
  enseñanza básica   elementary education
entonces   then
entrada (*f*)   ticket; entrance
  de entrada   to begin with
entre   between
entregar   to hand in; to give
entrevista (*f*)   interview
enviar   to send
época (*f*)   time, period
equipo (*m*)   team
equivocado   wrong
escala técnica (*f*)   refueling stop
esconder   to hide
escribir a máquina   to type
escuela (*f*)   school
  escuela agrícola   agricultural school
escultura (*f*)   sculpture
escurrir   to drain (liquid)
esfuerzo (*m*)   effort
espacio (*m*)   space
español (*m*)   Spanish (*adjective*); Spanish man (*noun*)
espectáculo (*m*)   show
espectador (*m*)   spectator
esperanza (*f*)   hope
esperar   to wait; to hope; to expect
esposo (*m*)   husband
esquí (*m*)   ski; skiing
esquiar   to ski
esquina (*f*)   corner
establecimiento (*m*)   establishment; shop
estación (*f*)   station
  estación experimental   research center
estacionamiento (*m*)   parking lot
estacionar   to park
estado (*m*)   state; (the) State
  estado civil   civil status
Estados Unidos (*m pl*) (EE. UU. or E.U.)   United States (U.S.)

estadounidense   from the United States
estancia (*f*)   stay; farm
estar   to be
estatura (*f*)   height (of a person)
este (*m*)   east
estimar   to consider
estrella (*f*)   star
estresante   stressful
estuche (*m*)   case, box
estudiar   to study
estudios (*m pl*)   studies, career
estupendamente   very well
estupendo   great
étnico   ethnic
europeo   European
evitar   to avoid
examen (*m*)   examination
exigente   demanding
éxito (*m*)   success
expedir   to issue
exterior (*m*)   abroad, overseas
extranjero (*m*)   foreigner; abroad

F

fabricante (*m*)   manufacturer
facilidades (*f pl*)   facilities
facultativo   optional
factura (*f*)   bill
falda (*f*)   skirt
farmacia (*f*)   pharmacy, drugstore
farol (*m*)   lamp; streetlight
fatal   terrible
fecha (*f*)   date
felicitar   to congratulate
feliz   happy
festivo   holiday (*adjective*)
ficha (*f*)   token (telephone)
fijo   fixed
  sueldo fijo   fixed salary
fin (*m*)   end
  a fines de   at the end of
  fin de semana (*m*)   weekend
finalizar   to end
finalmente   finally
fino   fine
firma (*f*)   signature; firm (business)
firmar   to sign
flauta (*f*)   flute

flor (*f*)   flower

florín (holandés) (*m*)   florin (unit of money in the Netherlands)

fondo (*m*)   background; bottom; back

al fondo   at the back; at the end

en el fondo   at the bottom

formación (*f*)   training; education

fracción (*f*)   fraction, part

francamente   frankly, honestly

francés (*m*)   French (*adjective*); Frenchman (*noun*)

franco (*m*)   franc (unit of money)

franco suizo   Swiss franc

frasco (*m*)   jug

frío   cold

frito   fried

frontera (*f*)   border

fruta (*f*)   fruit

fuego (*m*)   fire

a fuego lento   on a low gas; simmer (cooking)

fuera   outside; out

función: en ____ de   in accordance with

funcionario (*m*)   official; clerk

funciones (*f pl*)   activities; obligations

G

ganadero   cattle (*adjective*)

ganar   to earn; to win

garantizar   to guarantee

gato (*m*)   cat

género literario (*m*)   literary genre

gente (*f*)   people

gerente (*m*)   manager

girar   to turn

gobierno (*m*)   government

gordo   fat

grado (*m*)   degree

gratuito   free (of charge)

gris   gray

grupo (*m*)   group

gustar   to like

gustos (*m pl*)   likes

H

habilidad (*f*)   ability

habitación (*f*)   room

habitante (*m*)   inhabitant

habitar   to inhabit

hábito (*m*)   habit; custom

hablar   to speak

de habla española   Spanish-speaking

hacendado (*m*)   farmer

hacer   to do; to make

hacer falta   to be necessary

hacia   towards

hambre (*m*)   hunger

tener hambre   to be hungry

hasta   as far as

hay   there is; there are

hay que   one has to

no hay de qué   not at all; you're welcome

haz   do (*familiar imperative of* hacer)

helado (*m*)   ice cream

hermano (*m*)   brother

hermana (*f*)   sister

hijo (*m*)   son

hija (*f*)   daughter

hispanoamericano   Latin American

historia (*f*)   history

hola   hello

holandés   Dutch

hombre (*m*)   man

hora (*f*)   hour; time

a la hora   on time

horario (*m*)   timetable

horario de trabajo (*m*)   working hours

hoy   today

hoy en día   nowadays

hoy mismo   today without fail

huelga (*f*)   strike

huevo (*m*)   egg

I

idioma (*m*)   language

iglesia (*f*)   church

imagen (*f*)   image

importaciones (*f pl*)   imports

importador (*m*)   importer

impresionante   impressive

incluido   included

indígena (*m*)   Indian

informes bancarios (*m*)   bank references

ingeniería (f)   engineering
ingeniero (m)   engineer
  ingeniero agrónomo   agricultural
    engineer
inglés (m)   English (*adjective*); Eng-
    lishman (*noun*)
injusto   unfair
instrucción (f)   instruction
integración (f)   incorporation
interesante   interesting
  ¡qué interesante!   how interesting!
interesarse por   to be interested in
interurbano   between towns or cities;
    long-distance (telephone calls)
introducido   with experience
invierno (m)   winter
invivible   that you can't live with
irse   to leave

J

jamón (m)   ham
  jamón serrano (m)   Parma ham
  jamón York (m)   cooked ham
jardín (m)   garden
jerez (m)   sherry
joven   young
joya (f)   jewel
jugar   to play
junta directiva (f)   board of directors

L

labrador (m)   agricultural laborer
lado (m)   side
  al lado de   next to
ladrón (m)   thief, burglar
lago (m)   lake
lamentablemente   regrettably
lana (f)   wool
largo   long
lástima (f)   pity
lavar   to wash
lectura (f)   reading
leche (f)   milk
leer   to read
lejos   far
letra de imprenta (f)   printed letter
levantarse   to get up
leve   slight

libra esterlina (f)   pound sterling
    (unit of money in the United
    Kingdom)
libra irlandesa (f)   Irish pound (unit
    of money)
libre   free
licuadora (f)   blender
ligero   light
limitar   to border; to limit
limpio   clean
línea (f)   line
listo   ready
living-comedor (m)   living room and
    dining room together
llamada (f)   call
  llamada telefónica   telephone call
llamar   to call
llamarse   to be called
  me llamo   my name is (I'm called)
llave (f)   key
llegada (f)   arrival
llegar   to arrive
  llegar a ser   to become
llevar   to wear; to take; to carry; to
    have been
llover   to rain
  llueve   it rains
lluvia (f)   rain
loco   crazy
loncha (f)   slice
luego   then
lugar (m)   place
luz (f)   light

M

maduro   ripe; mature
maleta (f)   suitcase
malvado   wicked
manejo (m)   operation
manera (f)   manner
manga larga (f)   long sleeve
mano (f)   hand
mantener correspondencia   to corre-
    spond
mantequilla (f)   butter
manzana (f)   apple
mar (m)   sea
maravilloso   marvelous, wonderful

marcar to dial
  tono de marcar dial tone
marco alemán *(m)* German mark
mareo *(m)* seasickness
marido *(m)* husband
marisco *(m)* seafood
marrón brown
marroquí *(m)* Moroccan (*adjective*);
  Moroccan man (*noun*)
más more
  más o menos more or less
materno mother (*adjective*)
  idioma materno mother tongue
matricularse to register
mayor older; greater
mayoría *(f)* majority
media *(f)* average
  media pensión *(f)* half board
mediano medium-sized
mediante through, by means of
medias *(f)* stockings; tights
médico *(m)* doctor
  médico veterinario veterinarian
medio half; middle
mediodía *(m)* midday
medir to measure
mejor better
mejora *(f)* improvement
mejorar to improve, to get better
mencionar to mention
menos less
  por lo menos at least
merecer to deserve
mes *(m)* month
mesa *(f)* table
mesero *(m)* waiter (*Latin Am.*)
mestizo *(m)* of mixed race (white
  and Indian)
meter to put in
metro *(m)* meter; subway
mexicano Mexican
mezclar to mix
microteléfono *(m)* receiver (telephone)
minuto *(m)* minute
mirada *(f)* look
mirar to look
mismo same
momento *(m)* moment

de momento for the moment
un momentito (*dim.*) just a moment
moneda *(f)* coin; currency
montaña *(f)* mountain
morir to die
mostrador *(m)* desk
mucho gusto pleased to meet you
mudarse to move
muebles *(m pl)* furniture
mujer *(f)* woman; wife
mundo *(m)* world
muro *(m)* wall
museo *(m)* museum

N

nacimiento *(m)* birth
nación *(f)* nation
nada nothing
  de nada not at all; you're welcome
nadar to swim
nadie no one, nobody
naranja *(f)* orange
natación *(f)* swimming
neblina *(f)* mist
nervioso nervous
neumático *(m)* tire
nevar to snow
  nieva it snows
nevera *(f)* refrigerator
niebla *(f)* fog
niño *(m)* child; boy
nivel *(m)* level
noche *(f)* night
nombrar to appoint
nombre *(m)* name
norte *(m)* north
norteamericano North American; of
  the United States
notoriamente markedly
noticia *(f)* news
novio *(m)* boyfriend; fiancé; bride-
  groom
nublado: estar _____ to be overcast
nuboso cloudy
nuestro our
nuevo new
número *(m)* number
nunca never

O

obra *(f)*   play (theater); work
obtener   to obtain
ocio *(m)*   leisure
octavo   eighth
ocupación *(f)*   occupation
ocupado   occupied
ocurrente   witty; bright, clever
oeste *(m)*   west
office *(m)*   utility room *(Spain)*
ofrecer   to offer
ojo *(m)*   eye
olvidar   to leave behind
olvidarse de   to forget
opinar   to think
optativo   optional
otoño *(m)*   autumn, fall
otro   other, another
otra vez *(f)*   again
¡oye!   listen! *(familiar imperative of* oír*)*

P

paella *(f)*   Spanish dish (made with rice, shellfish, meat, and vegetables)
pagar   to pay
país *(m)*   country
paisaje *(m)*   landscape
pan *(m)*   bread
pantalones *(m pl)*   trousers, pants
pañuelo *(m)*   handkerchief
papa *(f)*   potato *(Latin America)*
   papas fritas   fried potatoes
papel *(m)*   role (theater); paper
paquete *(m)*   parcel, package; pack
par *(m)*   pair
para   for; in order to
parada *(f)*   stop
   parada del autobús   bus stop
pariente *(m)*   relative
partir   to depart, to leave
   a partir de   starting (from)
pasado mañana   day after tomorrow
pasaje aéreo *(m)*   airplane ticket
pasar   to pass; to spend (time)
   pasar por   to go past; to go through
   pasarlo bien   to have a good time
pase *(m)*   show (movies)

patinar   to skate
patrulla *(f)*   patrol
película *(f)*   film
pelirrojo   red-haired, red-headed
pelo *(m)*   hair
peluquería *(f)*   hairdresser's shop
pensar   to think
peor   worse
perder   to lose; to waste
perdone   excuse me, I'm sorry
perejil *(m)*   parsley
periódico *(m)*   newspaper
periodista *(m & f)*   journalist
permitido   allowed, permitted
pesado   heavy
pesar *(m)*   regret
   a pesar de   in spite of, despite
picar   to chop up; to cut
pimienta *(f)*   pepper
   pimienta verde *(m)*   green pepper
pintado   painted
pintor *(m)*   painter
piscina *(f)*   swimming pool
piso *(m)*   story; apartment; floor
pista *(f)*   runway
plancha: a la _____   grilled
planta baja *(f)*   ground floor
plata *(f)*   silver
plato *(m)*   dish
playa *(f)*   beach
plazo *(m)*   period
   a largo plazo   in the long run
población *(f)*   population
poco   little
poder   can, be able to
pollo *(m)*   chicken
poner   to put
   poner una obra o película   to put on a play or film
por   for; by
   por aquí   around here, this way
   ¿por dónde?   which way?
   por supuesto   certainly, of course
postgraduado   graduate
precio *(m)*   price
precisar   to need
preferir   to prefer
preguntar   to ask
prensa *(f)*   press

preocuparse   to worry
presentarse   to go to
pretender   to try to
primavera (*f*)   spring
principio (*m*)   beginning
   a principios de   at the beginning of
prisa (*f*)   hurry
   tener prisa   to be in a hurry
probador (*m*)   fitting room
probarse   to try on
producir   to produce
profesión (*f*)   profession
prohibido   forbidden, prohibited
pronto   soon
propio   own
proporcionar   to give; to provide
protegerse   to protect oneself
próximo   next; near
prueba (*f*)   test; proof
publicidad (*f*)   advertising
publicitario   publicity (*adjective*)
pueblito (*m*)   town (*diminutive*)
puerta (*f*)   door
pues   well; because
puesto (*m*)   job, post
puro   pure

Q

que   who, that
quedar   to be left; to fit
   ¿cómo le quedan?   how do they fit you?
   me quedan bien   they fit me well
   no queda(n)   there is (are) none left
   quedarse   to remain, to stay
querer   to want
queso manchego (*m*)   cheese from La Mancha
quien   who
quinto   fifth
química (*f*)   chemistry
quisiera   I would like

R

ración (*f*)   portion, plate
ramita (*f*)   twig
rato (*m*)   while
raya (*f*)   stripe
   a _____   striped

razón (*f*)   reason
real   real; royal
realidad (*f*): **en _____**   in reality; actually
realizar   to carry out, to do
recámara (*f*)   dressing room; bedroom
receptor (*m*)   receiver
recibo (*m*)   receipt
recién   recently
recoger   to collect, to pick up
recomendar   to recommend
recordar   to remember
recreo (*m*)   break
recuerdos (*m pl*)   memories; souvenirs
recurrir a   to resort to; to fall back on; to turn to (a person)
regar   to water
regresar   to return
reloj (*m*)   watch
relojería (*f*)   watchmaker's (shop), jewelry shop
remojar   to soak, to dip (into)
   poner o dejar en remojo   to leave something to soak
remuneración (*f*)   salary
reparar   to repair
reprimir   to repress, suppress
requerir   to require
respectivamente   respectively
respirar   to breathe
responder   to answer
resultar   to be
   resultar efectivo   to take place
retraso (*m*)   delay
rey (*m*)   king
rincón (*m*)   corner
riñón (*m*)   kidney
rojo   red
ropa (*f*)   clothes
rubio   blond
ruido (*m*)   noise
ruta (*f*)   route

S

saber   to know
sacar   to take out; to get (tickets)
   sacar a pasear   to take out for a walk

sal (*f*) salt
sala (*f*) living room
salchichón (*m*) spiced sausage similar to salami
salida (*f*) departure
salir to go out, to leave
salmonete (*m*) red mullet (fish)
salón (*m*) large living room; party room (for apartment complex)
saludos (*m pl*) regards
sartén (*f*) frying pan
secundario secondary
sede (*f*) branch
seguir to follow; to continue; to pursue (a career)
según according to
segundo second
seguridad (*f*) security
seguro (*m*) insurance
seguro safe, secure; sure
  estar seguro to be sure
sello (*m*) stamp
semana (*f*) week
  semana pasada last week
semanal weekly
sensible sensitive; appreciable
sentido (*m*) sense
sentir to feel
  lo siento I'm sorry
señalado indicated
señas (*f pl*) address
ser to be
servicio (*m*) service
servicios (*m pl*) toilets
servir to serve
  ¿en qué puedo servirle? what can I do for you? (stores)
sesión (*f*) show (movies); session
siempre always
simpático nice, pleasant (people)
sin without
sitio (*m*) place; site
sobre above; over; about
sobreático (*m*) top-floor apartment
soler to usually (do)
solicitar to request; to apply
solo alone
sólo only
soltero single, unmarried

sopa (*f*) soup
sorprender to surprise; to catch
suceder to happen
sueldo (*m*) salary, wages
  sueldo fijo fixed salary
sugerir to suggest
superar to exceed, surpass; overcome
superficie (*f*) area; surface
supermercado (*m*) supermarket
suponer to suppose
sur south

T

tal como just as
talla (*f*) size (clothes)
tallado en madera (*m*) woodcarving
tamaño (*m*) size
también also
tanto so much
taquilla (*f*) box office, ticket office
tardar to take time
tarde late
tarde (*f*) afternoon
tarifa (*f*) price; rate
tarjeta (*f*) card
  tarjeta de crédito credit card
té (*m*) tea
te you (*familiar pronoun*)
teatral theater (*adjective*)
técnico technical
tejano (*m*) jeans
telefonear to telephone
telefonista (*m & f*) switchboard operator
temperatura (*f*) temperature
templado temperate
ten have (*familiar imperative of* tener)
tener to have
  tener a mano to keep something handy
  tener ganas to feel like it
  tener que to have to
  tener suerte to be lucky
tenis (*m*) tennis
  tenis de mesa table tennis
terminación (*f*) finish
terminar to finish
ternera (*f*) veal

terraza (f)   deck
tesoro (m)   treasure
tía (f)   aunt
tiempo (m)   time; weather
tienda (f)   shop
  tienda de comestibles   food shop
tipo (m)   type
tiro de disco (m)   discus throwing
tocar   to play (instrument)
tocino (m)   bacon; salt pork
todo   all, everything
tolerada   no age restrictions (movies)
tomar   to take; to have (food)
tono (m)   tone
tonto   foolish, silly
tormenta (f)   storm
tortilla (f)   Spanish omelette; flat
  cornmeal pancake
trabajador   hardworking
trabajador (m)   worker
trabajar   to work
traer   to bring
tráfico (m)   traffic
tráigame   bring me (*formal imperative
  of* traer + *pronoun*)
traje (m)   suit
tranquilo   quiet; ¡ _____ !   take it
  easy!
transbordar   to transfer
transeúnte   passerby
tras   after
traslado (m)   transfer
tratar de   to try to
través: a _____ de   through
tren (m)   train
trozo (m)   piece; slice
turismo (m)   tourism
tuyo   yours (*familiar possessive adjective and pronoun*)

U

último   last
únicamente   only
universidad (f)   university
urbano   urban; town, city (*adjective*)
usuario (m)   user
utilizar   to use

V

vacaciones (f pl)   vacation(s)
valer   to cost; to be worth
  ¿cuánto vale?   how much does it
  cost?
valor (m)   value; cost
variado   varied
variedad (f)   variety
varios   several
vecino (m)   neighbor
vendedor (m)   salesman
vender   to sell
venezolano (m)   Venezuelan
  (*adjective*), Venezuelan man
venir   to come
venta   sale
ventanilla (f)   window (of a ticket
  office, etc.)
ver   to see
  por lo que veo   as far as I can see
verano (m)   summer
verdad (f)   truth
verde   green
verdura (f)   vegetable
  sopa de verduras   vegetable soup
vestido (m)   dress
vestir   to dress
  de _____ (*adj*)   dress
vestirse   to get dressed
vez (f)   time
  otra vez   again
  una vez   once
vía aérea   air mail; by plane
viajar   to travel
viaje (m)   trip
viajero (m)   traveler
vida (f)   life
viejo   old
vinagre (m)   vinegar
vista (f)   view
  con vista al mar   with a sea view
vitivinícola (*adj*)   wine
vivir   to live
volar   to fly
volver   to return
vuelo (m)   flight
vuelta (f)   return

Y

ya   already
  ya no   not any longer
  ya que   since, because

Z

zapatería (*f*)   shoe store
zapatillas (*f pl*)   slippers
zapatos (*m pl*)   shoes